ARENA KINDERBUCH-KLASSIKER

Emmy von Rhoden

Der Trotzkopf

Mit Bildern von
Dieter Konsek

Arena

In neuer Rechtschreibung

Sonderausgabe 2005
© by Arena Verlag GmbH, Würzburg 1996
Alle Rechte vorbehalten
Gekürzte Fassung des Originaltextes von Emmy von Rhoden
Mit einem Nachwort von Dr. Freya Stephan-Kühn
Einbandillustration: Bernhard Oberdieck
Innenillustrationen: Dieter Konsek
Gesamtherstellung: Westermann Druck Zwickau GmbH
ISBN 3-401-05833-9

www.arena-verlag.de

»Papa, Diana hat Junge!«
Mit diesen Worten trat ungestüm ein junges, schlankes Mädchen von fünfzehn Jahren in das Zimmer, in welchem sich außer dem Angeredeten, dessen Frau und dem Prediger des Ortes noch Besuch aus der Nachbarschaft, ein Herr von Schäffer mit Frau und seinem erwachsenen Sohne, befand.
Alles lachte und wandte sich dem Mädchen zu, das ohne jede Verlegenheit auf den Papa zueilte und ausführlich über das wichtige Ereignis berichtete.
»Es sind vier Stück, Papa«, erzählte sie lebhaft, »und braun sehen sie aus, wie Diana. Komm sieh dir sie an, es sind zu reizende Tierchen! Vorn an den Pfötchen haben sie weiße Spitzen. Ich habe gleich einen Korb geholt und mein Kopfkissen hineingelegt, sie müssen doch warm liegen, die kleinen Dinger.«
Herr Oberamtmann Macket hatte den Arm um die Schulter seines Lieblings gelegt und strich ihm das wirre Lockenhaar aus dem erhitzten Gesicht. Dabei sah er sein Kind mit wohlgefälligen Blicken an. Ilses verwaschenes, dunkelblaues Kattunkleid, blusenartig gemacht und mit einem Ledergürtel gehalten, mochte wohl recht bequem sein, aber kleidsam war es nicht und einige Flecken und Risse darin dienten ebenfalls nicht dazu, die Eleganz desselben zu heben. Die hohen, plumpen Lederstiefel, die unter dem kurzen Kleide hervorblickten, waren tüchtig verstaubt und sahen eher grau als schwarz aus.

Aber Herr Macket sah nur in die fröhlichen, braunen Augen seines Lieblings; um dessen Kleider kümmerte er sich nicht.

Er war im Begriff aufzustehen, um seines Kindes Wunsch zu erfüllen, als seine Gattin, eine vornehme Erscheinung mit sanften und doch bestimmten Zügen, ihm zuvorkam. Sie hatte sich erhoben und trat auf Ilse zu.

»Liebe Ilse«, sagte sie in freundlichem Tone und nahm dieselbe bei der Hand, »ich möchte dir etwas sagen, Kind. Willst du mir auf einen Augenblick in mein Zimmer folgen?«

Sehr ruhig, aber sehr bestimmt waren die Worte gesprochen und Ilse fühlte, dass ein Widerstand dagegen vergeblich sein würde. Ungern und gezwungen folgte sie der Mutter.

»Was willst du mir sagen, Mama?«, fragte sie und sah Frau Macket trotzig an.

»Nichts weiter, mein Kind, als dass du sogleich auf dein Zimmer gehst und dich umkleidest. Du wusstest wohl nicht, dass Gäste bei uns waren?«

»Doch, ich wusste es, aber ich mache mir nichts daraus«, gab Ilse kurz zur Antwort.

»Aber ich, Ilse. Ich kann nicht gleichgültig dabei sein, wenn du in einem so unordentlichen Kostüme dich blicken lässt. Du bist kein Kind mehr mit deinen fünfzehn Jahren; bedenke, dass du seit Ostern konfirmiert bist. Eine angehende junge Dame aber muss den Anstand wahren. Sei vernünftig und kleide dich um, Kind, hörst du?«

»Nein – ich ziehe kein andres Kleid an.«

»Wie du willst. Aber dann bitte ich dich, dass du in deinem Zimmer bleibst und dein Abendbrot dort verzehrst«, gab Frau Macket mit großer Ruhe zur Antwort.

Ilse biss auf die Unterlippe und trat mit dem Fuße heftig auf die Erde, aber sie sagte nichts. Mit einer schnellen Wendung ging sie zur Tür hinaus und warf dieselbe unsanft hinter sich

zu. Oben in ihrem Zimmer ließ sie sich auf einen Stuhl fallen, stützte die Ellbogen auf das Fensterbrett und weinte Tränen des bittersten Unmutes.
»O wie schrecklich ist es jetzt!«, stieß sie schluchzend heraus. »Warum hat sich der Papa auch wieder eine Frau genommen – es war so viel besser, als wir beide allein waren! Alle Tage muss ich lange Reden hören über Sitte und Anstand – und ich will doch keine Dame sein, ich will es nicht – und wenn sie es zehnmal sagt!«

Als sie mit ihrem Vater noch allein gewesen war, hatte sie freilich ein ungebundeneres und lustigeres Leben geführt. Was sie auch tat, es galt alles als unübertrefflich. Das Lernen wurde nur als langweilige Nebensache betrachtet und die Gouvernanten fügten sich entweder dem Willen ihrer Schülerin oder sie gingen davon. Beklagte sich einmal diese oder jene bei dem Vater und hatte der auch wirklich den festen Entschluss gefasst, ein Machtwort zu sprechen, so kam er nicht dazu, dieses auszuführen. Sobald er mit ernster Miene ihr gegenübertrat, fiel Ilse ihm um den Hals, nannte ihn ihren »einzigen, kleinen Papa«, obwohl er ein sehr großer, kräftiger Mann war, küsste ihm Mund und Wangen und hielt ihm den Mund zu.
»Ich weiß ja alles, was du mir sagen willst, und ich will mich ganz gewiss bessern!« Mit solchen und ähnlichen Worten und Versprechungen tröstete sie den Papa – und dieser konnte dem Kinde nie ernstlich zürnen, es war sein Ein und Alles.
Als Ilses Mutter starb, legte sie ihm das kleine hilflose Ding in den Arm. Es hatte die schönen, frohen Augen der früh Verstorbenen geerbt, und blickte sie ihn an, war es ihm, als ob die Gattin, die er so geliebt hatte, ihn anlächle.
Lange Jahre war er einsam geblieben und hatte nur für sein Kind gelebt. Da lernte er seine zweite Frau kennen.
Frau Anne betrat das Haus ihres Mannes mit dem festen

Vorsatze, seinem Kinde die treueste, liebevollste Mutter zu sein; indes scheiterte jede herzliche Annäherung von ihrer Seite an Ilses trotzigem Widerstande. Selbst nach einem Jahr hatte sie es noch nicht vermocht, Ilses Liebe zu gewinnen.

Die Gäste blieben zum Abendessen auf Moosdorf, dem großen Gut des Oberamtmanns Macket. Als der Tisch gedeckt war und alle sich an demselben niedergesetzt hatten, fragte Herr Macket, warum Ilse noch nicht anwesend sei.
Frau Anne erhob sich und zog an der Klingelschnur. Der eintretenden Dienstmagd befahl sie das Fräulein zu Tisch zu rufen.
Ilse saß noch in derselben Stellung am Fenster. Sie hatte sich eingeschlossen und die Magd musste erst tüchtig pochen und rufen, bevor sie sich dazu bequemte, die Tür zu öffnen.
»Sie sollen herunterkommen, Fräulein, die gnädige Mama hat es befohlen«, sagte Kathrine und betonte das »sollen« und »befohlen« recht auffallend.
»Ich soll«, rief Ilse und wandte den Kopf hastig herum, »aber ich will nicht! Sag das der gnädigen Frau Mama!«
»Ja«, sagte Kathrine, die auch nicht damit einverstanden gewesen war, dass wieder eine Frau in das Haus gekommen war, »ja, ich werd's bestellen.«
Und sie ging hinunter in das Speisezimmer und führte wörtlich Ilses Bestellung aus.
Herr Macket blickte seine Frau verlegen an. Sie sagte aber nur gelassen: »Ilse ist nicht ganz wohl, lieber Mann, sie klagte etwas über Kopfschmerzen.«
Alle Anwesenden errieten sofort, dass dies eine Ausrede war. Nur Herr Macket nahm die Begründung ernst.
»Wollen wir nicht lieber einen Boten zum Arzt schicken?«, fragte er besorgt.

Die Antwort darauf gab ihm sein Kind selbst. Laut jubelnd und lachend, trieb sie in diesem Moment einen Reif mit einem Stock über den großen Rasenplatz und der Jagdhund, Tyras, sprang demselben nach. Immer wenn er mit seinen Pfoten den Reif beinahe erhascht hatte und ihn doch nicht halten konnte, stieß er ein ärgerliches Geheul aus, worüber Ilse sich totlachen wollte.
Herr Macket stand auf, trat in die offen stehende Flügeltür des Zimmers und war im Begriff, Ilse zu rufen. Frau Anne hielt ihn davon zurück.
»Lass sie – ich bitte dich –, lieber Mann«, bat sie.
Als die Gäste fortgefahren waren, blieb der Prediger noch zurück. Er war ein wohlwollender, nachsichtiger Mann, der Ilse väterlich zugetan war. Er hatte sie getauft und eingesegnet, unter seinen Augen war sie herangewachsen. Seit kurzer Zeit, seitdem die letzte Gouvernante ihren Abschied genommen hatte, leitete er auch ihren Unterricht.
Herr und Frau Macket saßen am Tische, er rauchend, sie eifrig mit einer Handarbeit beschäftigt. Prediger Wollert ging im Zimmer auf und ab und sah recht ernst und nachdenklich aus. Endlich blieb er vor dem Oberamtmann stehen.
»Es hilft nichts, lieber Freund«, sprach er ihn an, »es muss einfach gesagt werden. Es geht nicht mehr so weiter, wir können das unbändige Kind nicht zügeln, es ist uns über den Kopf gewachsen. Es muss fort von hier, in eine Pension.«
»Ilse? In eine Pension? Aber warum, sie hat doch nichts verbrochen!«, rief Herr Macket ganz erschreckt.
»Verbrochen!«, wiederholte lächelnd der Prediger. »Nein, nein, das hat sie nicht! Aber muss denn ein Kind erst etwas Böses getan haben, um in ein Institut zu kommen? Es ist doch keine Strafanstalt. Hören Sie mich ruhig an, lieber Freund«, fuhr er besänftigend fort und legte die Hand auf Mackets

Schulter, als er sah, dass dieser heftig auffahren wollte. »Sie wissen, wie ich Ilse liebe, und wissen auch, dass ich nur das Beste für sie im Auge habe; nun wohl, ich habe reiflich überlegt und bin zu dem Resultate gekommen, dass Sie, Ihre Frau und ich nicht Macht genug besitzen, sie zu erziehen. Sie hat soeben ein glänzendes Beispiel ihrer widerspenstigen Natur gegeben.«

Der Oberamtmann trommelte auf dem Tische. »Das war eine Ungezogenheit, die ich bestrafen werde«, sagte er. »Etwas Schlimmes kann ich nicht darin finden. Mein Gott, Ilse ist jung, halb noch ein Kind, und Jugend muss sich austoben. Weshalb soll man einem übermütigen Menschen so strenge Fesseln anlegen und ihn Knall auf Fall in eine Pension bringen? Was ist dabei, wenn sie einmal über die Stränge schlägt? Was sagst du dazu, Anne«, wandte er sich an seine Frau, »du denkst wie ich, nicht wahr?«

»Ich dachte wie du«, antwortete Frau Anne, »vor einem Jahre, als ich dieses Haus betrat. Heute muss ich dem Herrn Prediger Recht geben. Ilse ist schwer zu erziehen, trotz aller Herzensgüte, die sie besitzt. Ich weiß nichts mit ihr anzufangen, so viel Mühe ich mir auch gebe. Gewöhnlich tut sie das Gegenteil von dem, was ich ihr sage. Bitte ich sie ihre Aufgaben zu machen, so tut sie entweder, als ob sie mich nicht verstanden hat, oder sie nimmt höchst unwillig ihre Bücher, wirft sie auf den Tisch, setzt sich davor und treibt allerhand Nebensächliches. Nach kurzer Zeit erhebt sie sich wieder und fort ist sie! Frage den Herrn Prediger, wie ungleichmäßig Ilses wissenschaftliche Bildung ist, wie sie zuweilen sogar noch orthographische Fehler macht.«

»Bei einem Mädchen kommt es doch nicht so darauf an«, entgegnete Herr Macket und erhob sich. »Eine Gelehrte soll sie schließlich nicht werden.«

Der Prediger lächelte. »Das ist Ihr Ernst nicht, lieber Freund. Oder würde es Ihnen Freude machen, wenn man von Ihrer Tochter sagte, dass sie dumm sei und nichts gelernt habe!«
Die Wahrheit dieser Worte leuchtete Herrn Macket ein, aber die Liebe zu seinem Kinde ließ es ihn nicht laut eingestehen.
Frau Anne empfand, was in ihres Mannes Herzen vorging, liebevoll trat sie zu ihm und ergriff seine Hand.
»Denke nicht, dass ich hart bin, Richard, wenn ich für den Vorschlag unsres Freundes stimme«, sagte sie. »Ilse steht jetzt auf der Grenze zwischen Kind und junger Frau. Noch hat sie Zeit, das Versäumte nachzuholen und ihre unbändige Natur zu zügeln.«
Er hörte kaum, was sie sprach. »Ihr wollt sie einsperren«, sagte er erregt, »aber das hält sie nicht aus. Lasst sie erst älter werden, es ist dann immer noch Zeit genug, sie fortzugeben.«
Dagegen protestierten Frau Anne und der Prediger auf das Entschiedenste; sie bewiesen, dass jetzt die höchste Zeit sei, wenn die Pension noch etwas nützen solle.
»Ich wüsste ein Institut in W., das ich für Ilse sehr empfehlen könnte«, erklärte der Prediger. »Die Vorsteherin dort ist mir genau bekannt, sie ist eine vorzügliche Dame. Neben der Pension, die unter ihrer Leitung aufgeblüht ist, hat sie eine Tagesschule ins Leben gerufen, die sich von Jahr zu Jahr vergrößert hat. Ilse würde den besten Unterricht und die liebevollste Pflege vereint finden. Und welch ein Vorzug ist nicht die wunderbare Lage dieses Ortes. Die Berge ringsum, die herrliche Luft...«
»Ja, ja«, unterbrach ihn Herr Macket unruhig und abwehrend, »ich glaube das alles gern! Aber lasst mir Zeit, bestürmt mich nicht weiter. Ein so wichtiger Entschluss, selbst wenn er notwendig ist, bedarf der Reife.«
Die Entscheidung kam jedoch schneller, als er geglaubt hatte.

Am andern Morgen, es war noch sehr früh, traf der Oberamtmann sein Töchterchen, wie es eben im Begriffe war, hinaus auf die Wiese zu reiten, um das Heu mit einzuholen. Ungeniert hatte Fräulein Ilse sich auf eines der Pferde, das vor den Leiterwagen gespannt war, von dem Kutscher hinaufheben lassen. Dieser stand auf dem Wagen und hielt die Zügel in der Hand.

»Guten Morgen, Papachen!«, rief sie ihm laut schon von weitem entgegen. »Wir wollen auf die Wiese fahren, das Heu muss herein; der Hofmeister sagt, wir bekommen gegen Mittag ein Gewitter. Ich will gleich mit aufladen helfen!«

Der Vater hatte heute nicht die unbefangene Freude an dem Wesen seines Kindes. Ilse glich in diesem Augenblicke wirklich einem wilden Buben. Wie ein solcher saß sie auf dem Pferde und hatte die Füße an beiden Seiten herunterhängen.

»Steig herab, Ilse«, sagte Herr Macket, dicht zu ihr tretend, um ihr beim Heruntersteigen behilflich zu sein. »Du wirst jetzt nicht auf die Wiese reiten, hörst du, sondern deine Aufgaben machen.«

Es war das erste Mal in ihrem Leben, dass der Vater in so bestimmter Weise zu ihr sprach. In höchstem Grade verwundert blickte sie ihn an. Sie schlug die Arme ineinander und fing an herzlich zu lachen.

»Hahahaha! Arbeiten soll ich! Du kleiner reizender Papa, wie kommst du denn auf diese komische Idee? Mach nur nicht ein so böses Gesicht! Weißt du, wie du jetzt aussiehst? Gerade wie Mademoiselle, die letzte, Papa, von den vielen – wenn sie böse war! ›*Fräulein Ilse, gehen Sie auf Ihr Zimmer – mais tout-desuite. 'aben Sie mir compris!*‹ Dabei zog sie die Stirn in Falten und riss die Augen auf – so«, und sie versuchte es nachzuahmen. »Oh, es war zu himmlisch! Adieu, Papachen, zum Frühstück komm ich zurück!«

Sie warf ihm noch eine Kusshand zu, lachte ihn schelmisch an und fort ging's im lustigen Trabe hinaus auf die Wiese in den taufrischen Sommermorgen hinein.

Herr Macket schüttelte den Kopf, mit einem Male stiegen ernstliche Bedenken wegen Ilses Zukunft in ihm auf. Er fand den Gedanken, sie in eine Pension zu geben, heute weniger schrecklich als gestern.

Er ging in das Speisezimmer und trat von dort auf die weinumrankte Veranda, die sich an der Vorderseite des Hauses entlangzog. Seine Frau erwartete ihn dort am gedeckten Frühstückstische.

Ganz gegen seine Gewohnheit war er still und einsilbig. »Hattest du Unannehmlichkeiten?«, fragte Frau Anne und reichte ihm den Kaffee.

»Nein«, entgegnete er, »das nicht.« Er hielt einen Augenblick inne, als ob es ihm schwer falle weiterzusprechen, dann fuhr er fort: »Ich möchte dir eine Mitteilung machen, oder richtiger gesagt, dir meinen Entschluss wegen unsres gestrigen Gesprächs verkünden. Zum 1. Juli soll Ilse in die Pension. Wirst du im Stande sein, bis zu dem Termine alles zu Ilses Abreise einrichten zu können? Wir haben heute den 12. Juni.«

»Ja, das würde ich können, lieber Richard; aber verzeihe, mir kommt dein Entschluss etwas übereilt vor. Lass Ilse die schönen Sommermonate noch ihre Freiheit genießen und gib sie erst zum Herbste fort. Der Abschied von der Heimat wird ihr dann weniger schwer werden.«

»Nein, keine Änderung«, sagte er, bei einem längeren Hinausschieben seinen Wankelmut befürchtend, »es bleibt dabei – zum 1. Juli wird sie angemeldet.«

Nach einigen Stunden kehrte Ilse wohlgemut mit erhitzten Wangen und über und über mit Heu bestreut zum zweiten

Frühstücke zurück. Ohne ihre Kleidung zu wechseln, trat sie höchst vergnügt auf die Veranda.
»Da bin ich«, rief sie. »Bin ich lange geblieben? Ich sage dir, Papa, das Heu ist köstlich! Nicht einen Tropfen Regen hat es bekommen. Du wirst deine Freude daran haben. Der Hofmeister meint, so gut hätten wir es seit Jahren nicht gehabt.«
»Lass das Heu jetzt, Ilse«, entgegnete Herr Macket, »und höre zu, was ich dir sagen werde.«
Er sagte es ziemlich ernst. Es fiel ihm nicht leicht, von seinem Plane zu sprechen – Ilse war so ahnungslos, ja sie nahm gar keine Notiz von seiner Stimmung. Sie war sehr hungrig von der Fahrt und hielt ihr Augenmerk auf den Frühstückstisch gerichtet.
»Soll ich dir das Brot abschneiden?«, fragte Frau Anne freundlich, aber Ilse lehnte es ab.
»Ich will es schon selbst tun«, sagte Ilse, nahm das Messer und schnitt sich ein tüchtiges Stück Schwarzbrot ab. Die Butter strich sie fast fingerdick darauf. Nachdem sie ein dickes Stück Wurst darauf gelegt hatte, fing sie an wohlgemut zu essen. Höchst ungeniert lehnte sie dabei hintenüber in einem Sessel und schlug die Füße übereinander. Es schmeckte ihr köstlich.
»Ich denke, du wolltest mir etwas sagen, Papachen!«, rief sie mit vollem Mund. »Nun schieß los, ich bin ordentlich neugierig darauf.«
Er zögerte etwas mit der Antwort, dann teilte er aber so ruhig, wie es ihm möglich war, Ilse seinen Beschluss mit.
Wenn er erwartet hatte, dass sie sich stürmisch widersetzen würde, so hatte er geirrt. Zwar blieb ihr buchstäblich der Bissen im Munde stecken vor Überraschung und Schreck, aber ihr Auge flog zur Mutter hinüber und sie unterdrückte den Sturm, der in ihr tobte. Um keinen Preis sollte diese erfahren, wie furchtbar es ihr war, die Heimat, den Vater vor allem, zu

verlassen, sie, die doch sicherlich nur allein die Anstifterin dieses Planes war, denn der Papa – nein! Nimmermehr würde er sie von sich gegeben haben!

»Nun, du schweigst?«, fragte Herr Macket. »Du hast vielleicht selbst schon die Notwendigkeit eingesehen, dass du noch tüchtig lernen musst, mein Kind, denn mit deinen Kenntnissen hapert es noch überall, nicht wahr?«

»Gar nichts habe ich eingesehen!«, platzte Ilse heraus. »Du selbst hast mir ja oft genug gesagt, ein Mädchen brauche nicht so viel zu lernen! Ja, das hast du gesagt, Papa, und nun sprichst du mit einem Male anders. Nun soll ich fort, soll auf den Schulbänken sitzen zwischen andern Mädchen und lernen, bis mir der Kopf wehtut. Aber es ist gut, ich will auch fort, ich freue mich auf die Abreise. Wenn nur erst der 1. Juli da wäre!«

Und sie erhob sich hastig, warf den Rest ihres Frühstücks auf den Tisch und eilte fort, hinauf in ihr Zimmer, und jetzt brachen die Tränen hervor, die sie bis dahin nur mühsam zurückgehalten hatte.

Die wenigen Wochen bis zum festgesetzten Termine vergingen schnell. Frau Anne hatte alle Hände voll zu tun, um Ilses Garderobe in Ordnung zu bringen. Die Vorsteherin der Pension hatte auf Herrn Mackets Anfrage sofort geantwortet und sich gern bereit erklärt seine Tochter aufzunehmen. Zugleich hatte sie ein Verzeichnis der Sachen mitgeschickt, die jede

Pensionärin bei ihrem Eintritt in das Institut mitzubringen habe.

Ilse lachte spöttisch über die nach ihrer Meinung vielen unnützen Dinge. Besonders die Hausschürzen fand sie geradezu lächerlich. Sie hatte bis dahin niemals eine solche getragen.

»Die dummen Dinger trage ich doch nicht, Mama!«, sagte sie, als Frau Anne dabei war, den Koffer zu packen. »Die brauchst du gar nicht einzupacken.«

»Du wirst dich anpassen müssen, mein Kind«, antwortete die Mutter. »Warum auch nicht? Sieh einmal her, diese blau und weiß gestreifte Schürze mit den gestickten Zacken ringsum, ist sie nicht ein reizender Schmuck für eine junge Frau, die sich im Haushalt nützlich machen wird?«

»Ich werde mich aber im Haushalte nicht nützlich machen!«, rief Ilse. »Das fehlte noch! Ihr denkt wohl, ich soll dort in der Küche arbeiten oder die Stuben aufräumen? Die Schürzen trage ich nicht, ich will es nicht!«

Sie verließ die Mutter, auf welche sie einen wahren Groll hatte. Dem Papa erklärte sie, dass sie ein kleines Köfferchen für sich selbst packen werde. Niemand solle ihr dabei helfen, niemand wissen, welche Schätze sie mit in das neue Heim hinüberführen werde.

Am Tage vor ihrer Abreise schloss sich Ilse in ihr Zimmer ein und begann zu packen. Aber wie! Bunt durcheinander, wie ihr die Sachen in die Hand kamen. Zuerst das geliebte Blusenkleid nebst Ledergürtel, es wurde nur so in den Koffer hineingeworfen und mit den Händen etwas festgedrückt, dann die hohen Lederstiefel mit Staub und Schmutz, wie sie waren, dann eine alte Ziehharmonika, auf der sie nur ein paar Töne hervorbringen konnte, ein neues Hundehalsband mit einer langen Leine daran, ein ausgestopfter Kanarienvogel, und zuletzt, nachdem die wunderbarsten Dinge in den Koffer

gewandert waren, griff sie nach einem Glase, in welchem ein Laubfrosch saß. Sie nahm ein besticktes Taschentuch aus der Kommode, band es über das Glas, legte auch noch eine Papierhülle darüber, schnitt ganz kleine Löcher in beides und steckte einige Fliegen hindurch.
»So«, sagte sie, höchst befriedigt von ihrer Packerei, »nun bist du gut versorgt, mein liebes Tierchen, und wirst nicht verhungern auf der weiten Reise.«
Wie sie das Glas hineinbrachte in den Koffer, war wirklich ein Kunststück, das ihr nur mit viel Mühe gelang. Aber endlich war sie doch so weit, dass sie den Deckel schließen konnte. Er klemmte etwas und Ilse musste sich erst darauf knien, bevor er ins Schloss fiel. Den kleinen Schlüssel zog sie ab, befestigte ihn an einer schwarzen Schnur und band diese sich um den Hals.
Als das Abendbrot verzehrt war und die Eltern noch am Tische saßen, ging Ilse in den Hof und machte eine Runde durch alle Ställe. Von den Hühnern, Tauben, Kühen, Pferden nahm sie traurig Abschied; morgen sollte sie ja alle auf lange Zeit verlassen. Das Lebewohl von den Hunden wurde ihr am schwersten, sie waren alle ihre guten Freunde. Dianas Sprösslinge, die schon allerliebst herangewachsen waren und sie zärtlich begrüßten, lockten ihr Tränen des tiefsten Leides hervor.
Neben ihr stand Johann. Er hatte Ilse vom ersten Tage ihres Lebens an gekannt und liebte sie abgöttisch. Als er ihre Tränen sah, liefen auch ihm einige Tropfen über die Wangen.
»Wenn das kleine Fräulein wiederkommt«, sagte er mit kläglicher Stimme und fuhr mit der verkehrten Hand über die Wange, »dann wird es wohl eine große Dame sein. Ja, ja, Fräulein Ilschen, unsre schöne Zeit ist dahin! Ach, und die Hunde, wie werden sie das Fräulein vermissen! Die sind gescheit! Menschlichen Verstand hat das dumme Vieh! Wie sie schmeicheln, als ob sie wüssten, dass unser kleines Fräulein

morgen abreist..." Hier wurde seine Stimme so unsicher, dass er nicht weitersprechen konnte.

»Johann«, entgegnete Ilse unter Schluchzen, »sorge bitte gut für die Hunde. Und wenn du mir einen großen – den letzten Gefallen tun willst, so«, hier sah sie sich erst vorsichtig nach allen Seiten um, ob auch niemand in der Nähe war, »so nimm Bob«, diesen Namen hatte sie Dianas kleinem Söhnchen gegeben, »mit auf den Kutscherbock morgen, wenn du mich zur Bahn fährst, aber heimlich. Niemand außer dir darf wissen, dass ich ihn mitnehmen will. Ein Halsband und eine Leine habe ich schon eingepackt.«

Der Kutscher lächelte verschmitzt und versprach, Bob so geschickt unterzubringen, dass keine menschliche Seele von dem Hunde etwas merken sollte.

Früh am andern Morgen stand der Wagen vor der Tür, der Ilse fortbringen sollte. Herr Macket begleitete sie, um sie der Vorsteherin des Internats, Fräulein Raimar, selbst zu überbringen. Er musste sich doch persönlich überzeugen, wo und wie sein Liebling aufgehoben sein werde. Frau Anne näherte sich Ilse im letzten Augenblick, um zärtlich und gerührt von ihrem Kinde Abschied zu nehmen, aber diese machte ein finsteres, trotziges Gesicht und entwand sich der Mutter Armen.

»Lebe wohl«, sagte sie kurz und sprang in den Wagen; um nichts in der Welt hätte sie der Mutter verraten mögen, wie schmerzlich für sie die Trennung war.

Auf dem Bahnhofe, als alles besorgt war und Ilse mit dem Papa in das Abteil gestiegen war, trat Johann hinzu mit Bob unter dem Arme und der Mütze in der Hand.

»Leben Sie recht wohl, Fräulein Ilschen, und kommen Sie gut hin«, sagte er etwas verlegen. »Die Hunde werde ich schon

besorgen, dafür haben Sie nur keine Angst nicht. Den hier nehmen Sie wohl mit, es ist doch gut, wenn Sie nicht so allein in der Pension sind.«
Ilse jauchzte vor Freude. Sie nahm den Hund in Empfang und streichelte ihn, dann reichte sie Johann die Hand.
»Leb wohl«, sagte sie, »und habe Dank. Ich freue mich zu sehr, dass ich ein Hündchen mit mir nehmen kann.«
»Ja, aber Ilse, das geht doch nicht«, wandte der erstaunte Oberamtmann ein. »Du darfst doch keine Hunde mit in das Institut bringen. Sei vernünftig und lass Bob hier!«
Doch daran war nicht zu denken.
»Die einzige Freude lass mir, Pa'chen! Willst du mich denn ganz allein unter den fremden Menschen lassen? Nicht wahr, Bobchen, du willst nicht wieder fort von mir«, wandte sie sich an den Hund, der es sich auf ihrem Schoße bereits höchst bequem gemacht hatte, »du bleibst nun immer bei mir!«
Es war dem Oberamtmann unmöglich, ein Machtwort dagegen zu sprechen.

Spät am Abend, es war zehn Uhr vorbei, langten sie in W. an. Ilse übernachtete mit ihrem Vater im Hotel; erst am andern Morgen sollte sie in ihre neue Heimat eingeführt werden.
Als es am andern Morgen neun Uhr schlug, stand Ilse fertig angezogen vor ihrem Papa. Sie sah in ihrem grauen Reisekleide und den zierlichen Lederstiefeln ganz allerliebst aus. Unter dem runden, weißen Strohhute, der mit einem Feldsträußchen und schwarzem Samtband geschmückt war, fielen die braunen Locken herab. Die schönen, großen Augen blickten heute aber nicht so fröhlich wie sonst, sie hatten einen ängstlich erwartungsvollen Ausdruck, und um den Mund zuckte es in nervöser Aufregung.
»Dir fehlt doch nichts, Ilschen?«, fragte Herr Macket und sah

sein Kind besorgt an. »Du bist so blass, hast du schlecht geschlafen?«
Die herzliche Frage des Vaters löste mit einem Male alle Spannung in Ilse. Sie fiel ihm um den Hals und die bis dahin trotzig zurückgehaltenen Tränen brachen mit aller Macht hervor.
»Aber Kind, Kind«, sagte Herr Macket, »du wirst ja nicht lange von uns getrennt bleiben. Ein Jahr vergeht schnell und zu Weihnachten besuchst du uns. Komm, Kleines, trockne die Tränen. Du wirst uns fleißig Briefe schreiben und die Mama oder ich werden dir täglich Nachricht geben von uns, von allem, was dich in Moosdorf interessiert.« Und er nahm sein Taschentuch und trocknete damit die immer von neuem hervorbrechenden Tränen seines Kindes.
Der Oberamtmann befand sich in einer ähnlich aufgeregten Stimmung wie sein Kind. So schwer hatte er sich die Trennung nicht gedacht. Er strich Ilse das Haar aus der Stirn und setzte ihr den herabgesunkenen Hut wieder auf. »Komm«, sagte er, »jetzt wollen wir gehen. Nun sei ein verständiges Kind.«
»Die Mama soll mir nicht schreiben!«, stieß Ilse schluchzend hervor. »Nur deine Briefe will ich haben! Meine Briefe an dich soll sie auch nicht lesen!«
»Ilse«, tadelte Herr Macket, »so darfst du nicht sprechen. Die Mama hat dich lieb und meint es sehr gut mit dir.«
»Sehr gut!«, wiederholte sie in kindischem Zorn. »Wenn sie mich lieb hätte, würde sie mich nicht verstoßen haben!«
»Verstoßen! Du weißt nicht, was du sprichst, Ilse! Werde erst älter, dann wirst du das große Unrecht einsehen, das du heute deiner Mutter antust, und deine bösen Worte bereuen.«
»Sie ist nicht meine Mutter – sie ist meine Stiefmutter!«
»Du bist kindisch!«, sagte der Oberamtmann. »Aber merke dir, niemals will ich wieder dergleichen Äußerungen von dir hören.«

Ilse sah schmollend zur Erde nieder und konnte nicht begreifen, wie es kam, dass der Papa sie nicht verstand. Er musste doch einsehen, wie unrecht ihr geschah.
»Komm jetzt«, fuhr er in mildem Tone fort, »wir wollen gehen, mein Kind.«
Sie ergriff den Hund und erklärte mit aller Bestimmtheit: »Ohne Bob bleibe ich auf keinen Fall in der Pension!«
Macket ließ ihr den Willen, aber Ilses Hartnäckigkeit war ihm im höchsten Grade peinlich. Was sollte Fräulein Raimar denken!
Eine Viertelstunde darauf standen Vater und Tochter vor einem stattlichen zweistöckigen Hause, das vor dem Tore der kleinen Stadt mitten im Grünen lag; es war das Institut des Fräulein Raimar.
Der Oberamtmann blieb überrascht davor stehen. »Sieh Ilse, welch ein schönes Gebäude!«, rief er höchst befriedigt. »Der Blick von hier aus in die nahen Berge ist geradezu bezaubernd.«
»Wie kannst du dies Haus schön finden, Papa«, entgegnete sie. »Wie ein Gefängnis sieht es aus, und ich werde jetzt auch eine Gefangene sein, Papa.«
»Du bist eine kleine Närrin!«, lachte Herr Macket und brach das Gespräch, das einen bedenklichen Verlauf zu nehmen drohte, ab.
Er stieg die breiten, steinernen Stufen, die zu dem Eingange führten, hinauf und zog an der Klingel. Gleich darauf wurde die Tür von einer Magd geöffnet. Nachdem diese die Angekommenen gemeldet hatte, wurden sie in das Empfangszimmer der Vorsteherin geführt. Es war gerade Frühstückspause in der Schule und so standen überall lachend und plaudernd große und kleine Mädchen herum. Sie verstummten, als sie die neue Pensionärin erblickten, und aller Augen richteten sich auf

Ilse, der plötzlich höchst beklommen zu Mute war. Es schien ihr, als höre sie verstecktes Kichern hinter sich, und sie war herzlich froh, als die Tür zum Empfangszimmer sich hinter ihr schloss.

Ilse blickte sich um und in diesem großen, vornehmen Raume, der künstlerisch und elegant zugleich eingerichtet war, stieg mit einem Male ein etwas banges Gefühl in ihr auf wegen Bob. Hätte sie den Hund in ihren Armen plötzlich unsichtbar machen können, sie hätte es getan. Nun wollte der Unartige auch noch hinunter auf den Boden! Diesen Wunsch konnte sie ihm doch unmöglich erfüllen, dazu war der Teppich in dem Zimmer viel zu kostbar.

Die Türe öffnete sich und Fräulein Raimar trat ein. Sie begrüßte Herrn Macket mit steifer Freundlichkeit, dann blickte sie mit ihren stahlgrauen Augen, die einen zwar strengen, ernsten, trotzdem aber gewinnenden Ausdruck hatten, auf Ilse. Diese war dicht an den Vater getreten und hatte seine Hand ergriffen.

»Sei willkommen, mein Kind!« Mit diesen Worten begrüßte die Vorsteherin Ilse und reichte ihr die Hand. »Ich denke, du wirst dich bei uns bald heimisch fühlen.« Als sie den Hund sah, fragte sie: »Hat dich dein Hund bis hierher begleitet?«

Ilse blickte etwas hilflos den Papa an, der dann auch für sie das Wort nahm. »Sie mochte sich nicht von ihm trennen, Fräulein Raimar«, sagte er etwas verlegen. »Sie glaubte, dass Sie die Güte haben würden, ihren kleinen Kameraden mit ihr aufzunehmen.«

Das Fräulein lächelte. »Es tut mir Leid, Herr Oberamtmann«, sagte sie, »dass ich den ersten Wunsch Ilses abschlagen muss. Sie wird einsehen, dass ich nicht anders handeln kann. Stelle dir einmal vor, liebes Kind, wenn alle meine Pensionärinnen den gleichen Wunsch hätten, dann würden zweiundzwanzig Hunde im Institut sein. Welch einen Spektakel würde das geben! Möchtest du das Tier gern in deiner Nähe behalten, so wüsste ich aber vielleicht einen Ausweg. Mein Bruder, der Bürgermeister hier, wird deinen Hund gewiss aufnehmen, wenn ich ihn darum bitte; dann kannst du deinen Liebling täglich sehen.«

Aber Ilse schüttelte den Kopf und sagte trotzig: »Fremde Leute sollen Bob nicht haben. Papa, du nimmst ihn wieder mit nach Moosdorf.«

Herr Macket schämte sich der Antwort seines Kindes, aber Fräulein Raimar tat, als merkte sie Ilses Unhöflichkeit nicht.

»Du hast ganz Recht«, sagte sie freundlich, »es ist das Beste, der Papa nimmt das Tier wieder mit in die Heimat. Du würdest dadurch vielleicht doch mehr abgelenkt, als mir lieb wäre. Soll die Magd den Hund in Ihr Hotel zurücktragen, Herr Oberamtmann?«

»Ich will ihn selbst dorthin tragen, nicht wahr, Papachen?«, fragte Ilse und hielt Bob ängstlich fest.

»Ich wünsche nicht, dass du das tust, liebe Ilse«, wandte Fräulein Raimar ein. »Ich möchte dich gleich zu Mittag hier behalten, um dich den übrigen Pensionärinnen vorzustellen. Ich halte es so für das Beste.«

»Nein, nein!«, rief Ilse zitternd vor Aufregung. »Ich bleibe nicht gleich hier! Ich will mit meinem Papa so lange zusammen sein, bis er abreist. Du nimmst mich mit dir, nicht, Papa?«

Ilses Heftigkeit brachte Herrn Macket erneut in Verlegenheit; auch diesmal half ihm Fräulein Raimar indes über die peinliche Lage hinweg.

»Gewiss, mein Kind«, entgegnete sie mit Ruhe, »dein Wunsch soll dir erfüllt werden. Darf ich Sie bitten, Herr Oberamtmann, heute Mittag mein Gast zu sein? Sie würden mich sehr erfreuen.«

Ilse warf ihrem Papa einen flehenden Blick zu, der ausdrücken sollte: »Bleib nicht hier, nimm mich mit fort! Ich mag nicht hier

bleiben bei dem bösen Fräulein, das mich schlecht behandeln wird!« Leider verstand er den Blick jedoch anders. Er hielt ihn für eine stumme Bitte, die Einladung anzunehmen, und sagte zu.
Die Vorsteherin erhob sich und zog an einer Klingelschnur. Der eintretenden Magd trug sie auf Fräulein Güssow zu rufen. Wenige Augenblicke darauf trat diese ins Zimmer.
Die Gerufene war die erste Lehrerin im Institute und wohnte auch dort. Weit jünger als die Vorsteherin, war sie eine höchst anmutige, liebenswürdige Erscheinung von sechsundzwanzig

Jahren. Sämtliche Tagesschülerinnen und besonders die Pensionärinnen schwärmten für sie. Sie verstand es, die jungen Herzen durch Güte und Freundlichkeit zu gewinnen.
»Wollen Sie die Güte haben, Ilse auf ihr Zimmer zu geleiten«, sagte die Vorsteherin, nachdem sie die junge Lehrerin vorgestellt hatte, »damit sie dort ihren Hut ablegen kann.«
»Gern«, erwiderte die Angeredete und trat auf Ilse zu. »Komm, liebes Kind«, sagte sie freundlich und ergriff sie bei der Hand. »Jetzt werde ich dir zeigen, wo du schläfst. Oh, du hast ein schönes, großes Zimmer; aber du wohnst nicht allein dort. Ellinor Grey wird deine Stubengenossin sein. Sie ist ein liebes Mädchen. Du möchtest sie sicher gleich kennen lernen, nicht wahr?«
Ilse überhörte die Frage. Mit scheuen, ängstlichen Augen sah sie den Vater an und fragte: »Du gehst wohl nicht fort, Papa?«
Als er sie darüber beruhigt hatte, folgte sie Fräulein Güssow.
»Aber den Hund musst du wohl hier lassen, du kannst ihn doch nicht mit hinauf in dein Zimmer nehmen«, sagte Fräulein Raimar.
Fräulein Güssow fand es aber nicht so schlimm, wenn Ilse ihren Hund im Arme behielt.
»Hast du ihn so sehr gerne?«, fragte sie, als sie mit dem jungen Mädchen den Korridor entlangging.
»Ja«, entgegnete Ilse, »sehr, sehr lieb habe ich Bob. Und ich darf ihn nicht hier behalten.«
Sie legte ihre Wange auf des Hundes Kopf und kämpfte mit den Tränen.
»Gräme dich nicht darum, Kind«, tröstete Fräulein Güssow. »Du findest hier etwas viel Besseres. Du sollst einmal sehen, wie bald du den Bob vergessen haben wirst. Wir haben jetzt zweiundzwanzig Pensionärinnen im Institute, da wirst du so manche liebe Freundin finden. Hast du Geschwister?«

»Nein«, sagte Ilse, die zu Fräulein Güssow Vertrauen zu fassen begann. »Ich bin allein.«
»Nun, siehst du! Da kann ich mir deine Liebe zu dem Tiere erklären: Dir fehlen die Gespielinnen. Gib deinen Hund getrost dem Papa wieder mit zurück, du wirst ihn nicht vermissen.«
Sie stiegen eine Treppe hinauf und traten in ein geräumiges Zimmer ein, das zum Garten hinaus lag. Die Fenster waren geöffnet und ein mächtiger Apfelbaum streckte seine Zweige fast zum Fenster herein.
Das Zimmer war recht bescheiden eingerichtet; nur das Notwendigste befand sich hier: zwei Betten, zwei Kommoden und zwei Kleiderschränke, dann noch ein großer Waschtisch und einige Stühle.
Als Fräulein Güssow mit Ilse eintrat, erhob sich schnell ein junges Mädchen von ungefähr siebzehn Jahren, das mit einem Buch in der Hand am Fenster gesessen hatte. Es war ein schlankes, zart gebautes Wesen mit goldblondem Haar, das sie in einem Knoten aufgesteckt trug, mit blauen Augen und schelmischen Grübchen in den Wangen, sobald sie lachte. Es war Ellinor Grey, eine Engländerin.
»Nun bringe ich dir Ilse Macket, Nellie.« So wurde der Engländerin Namen allgemein abgekürzt. »Ich denke, du wirst dich ihrer liebevoll annehmen.«
»O ja, ich werde ihr sehr lieben«, antwortete Nellie und reichte der Neuangekommenen die Hand. »Bleibt die Hund auch hier?«, fragte sie.
»Nein«, sagte Fräulein Güssow.
»Oh, wie schade! Es ist ein so süßes Tier!« Und sie streichelte Bob.
Es klang so drollig und sie sah so schelmisch aus, dass Ilse sich sofort von ihr angezogen fühlte. Gern hätte sie noch ein Weil-

chen dem komischen Geplauder Nellies zugehört, aber sie musste der Lehrerin folgen, die sich vorgenommen hatte ihr einige Schulräume zu zeigen. Zuerst öffnete sie die Tür zu dem Musikzimmer, dann gingen sie in den Zeichensaal und zuletzt wurde Ilse in den so genannten großen Saal geführt. Die junge Lehrerin erzählte ihr, dass in demselben alle Examen und zuweilen auch Festlichkeiten stattfänden. Ilse hörte nur mit halbem Ohr zu. Sie hatte nämlich durch eine offen stehende Tür einen Blick in die leer stehende Klasse geworfen und Schulbänke darin entdeckt. Dort eingeklemmt sollte sie von jetzt an sitzen, nicht aufstehen dürfen, wenn es ihr beliebte – oh, es war entsetzlich! Ihr war plötzlich, als würde ihr die Brust zusammengeschnürt.

»In welche Klasse meinst du, dass du kommen wirst?«, fragte das Fräulein. »Deinem Alter nach müsstest du wohl in die Prima versetzt werden. Hast du deine Arbeitsbücher mitgebracht? Wie steht es mit den Sprachen? Französisch und Englisch sind dir wohl geläufig, da du stets, wie dein Papa schrieb, eine englische oder französische Gouvernante hattest.«

Von unten herauf tönte eine Glocke. Dies war eine sehr gelegene Unterbrechung für Ilse, der es unheimlich bei dem Examen wurde. Sie sagte, dass sie nicht wisse, wie weit sie sei, Französisch glaube sie sprechen zu können.

»Nun lass nur, mein Kind«, meinte das Fräulein, »heute wollen wir noch nicht an das Lernen denken, bei deiner Prüfung morgen werden wir ja sehen, was du kannst. – Wir wollen jetzt hinunter in den Speisesaal gehen, die Glocke hat uns zu Tisch gerufen.«

Als sie den Speisesaal betraten, war die Vorsteherin bereits dabei, Ilses Vater mit den Regeln während des Essens bekannt zu machen. Zum Beispiel damit, dass die zuletzt angekommene

Pensionärin stets ihren Platz neben der Vorsteherin angewiesen erhalte und dass zwei junge Mädchen wöchentlich den Tisch zu decken hatten. Diese mussten darauf achten, dass nichts fehlte und sämtliche Gegenstände sauber und blank waren. Die jüngste der Pensionärinnen sprach stets das Tischgebet.
Ilse sah mit Schaudern, dass alle Mädchen Schürzen trugen. Fräulein Raimar sah nicht aus, als ob sie bei ihr eine Ausnahme gelten lassen würde.
Nach dem Gebete wurden die Speisen aufgetragen. Diese waren kräftig und gut gekocht und Herr Macket konnte sich überzeugen, dass sein Kind gut versorgt sein würde.
Nach dem Essen verabschiedete er sich bald und Ilse durfte ihn begleiten.
»Nun, Ilse, wie gefällt dir das Institut?«, fragte der Oberamtmann, als sie auf der Straße gingen. »Ich gestehe, dass ich sehr befriedigt von hier abreise, ich weiß, ich lasse dich in guten Händen.«
»Mir gefällt es gar nicht hier!«, erklärte Ilse höchst verstimmt. »Es ist mir alles so fremd und vor dem grauen Fräulein mit dem blonden, glatten Scheitel fürchte ich mich. Du sollst sehen, Papa, sie ist nicht gut gegen mich. Warum soll ich Bob nicht behalten?«
»Du hast gehört, weshalb nicht«, sagte er ein wenig ungehalten. »Damit ist die Sache erledigt.«
»Nun fängst auch du an mit mir zu zanken! Niemals hast du so böse mit mir gesprochen«, rief Ilse zutiefst beleidigt. Bei dem Gedanken, dass kein Mensch, selbst der Papa nicht, sie leiden möge, fühlte sie sich so unglücklich, dass sie auf offener Straße zu weinen begann.
Der Oberamtmann nahm ihren Arm und legte ihn in seinen.
»Aber Kleines«, sagte er zärtlich und versuchte zu scherzen,

»was machst du denn? Sollen dich die Leute auslachen, wenn sie das große Mädchen weinen sehen?«

Um fünf Uhr sollte der Oberamtmann wieder zurück in die Heimat reisen. Je näher der Abschied rückte, desto aufgeregter wurde Ilse und es bedurfte seiner ganzen Festigkeit, um ihrem Wunsche, sie wieder mit nach Moosdorf zu nehmen, entgegenzutreten.
»Sei doch vernünftig!« Unzählige Male bat er sie in dringendem Tone darum, wenn sie leidenschaftlich drohte: »Ich laufe heimlich davon«, oder warnte: »Ich werde so ungezogen sein, dass mich das böse Fräulein wieder fortschickt!« Zwar wusste er, dass sie beides nicht tun werde, aber es machte ihm doch Kummer, seinen Liebling so trostlos zu sehen.
Auch ihren Wunsch, ihn wenigstens zur Bahn zu begleiten, schlug Herr Macket ab.
»Ich fahre dich zurück in das Institut und dann allein zur Bahn. So ist es am besten. Nun komm, Ilschen«, sagte er, als der Wagen unten vorfuhr, und nahm sie zärtlich in den Arm, »und versprich mir, ein gutes, folgsames Kind zu sein. Du sollst einmal sehen, wie bald du dich eingewöhnt haben wirst.«
Als der Wagen vor der Anstalt hielt, trennte sich Ilse laut schluchzend von ihrem Vater, und als sie denselben davonfahren sah, war es ihr zu Mute, als ob sie auf einer wüsten Insel allein zurückgelassen würde und elendiglich untergehen müsste.

Noch eine Weile stand sie vor der verschlossenen Pforte. Sie konnte sich nicht entschließen an der Klingel zu ziehen. Aber

da ging die Tür von selbst auf. Fräulein Güssow hatte von einem Fenster in der oberen Etage den Wagen kommen sehen und war hinuntergeeilt, um Ilse zu empfangen.
»Jetzt gehörst du zu uns, liebes Kind«, sagte sie mit warmer Herzlichkeit und nahm sie in den Arm. »Weine nicht mehr, wir werden dich alle lieb haben.«
Ilse fühlte sich so unglücklich, dass selbst der liebevollste Empfang der jungen Lehrerin sie nicht zu trösten vermochte. Als Fräulein Güssow sie fragte, ob sie auf ihr Zimmer gehen wollte, nickte sie nur stumm.
»Nellie!«, rief Fräulein Güssow. »Gehe mit Ilse hinauf und sei ihr beim Auspacken ihrer Sachen behilflich. Du möchtest doch sicher gern deine Sachen in Ordnung haben, liebe Ilse.«
Sie wusste sehr wohl, dass Ilse durchaus nicht diesen Wunsch hatte, aber sie wusste auch, dass die Tätigkeit das beste Heilmittel gegen Kummer und Herzleid ist.
Die beiden Mädchen begaben sich auf ihr Zimmer. Ilse setzte sich auf einen Stuhl, behielt den Hut auf dem Kopf und starrte zum Fenster hinaus. Es fiel ihr nicht ein, ihre Sachen auszupacken, und sie war geradezu empört, dass man Dinge von ihr verlangte, die den Dienstboten zukämen. Nellie hatte schweigend den Schrank geöffnet und die Schubladen der Kommode aufgezogen, dann sah sie Ilse an.
»Gib mich deiner Schlüssel, ich werde aufschließen die Koffers«, sagte sie, »wir müssen auspacken.«
Unlustig verließ Ilse ihren Platz, und da sie an irgendetwas ihren augenblicklichen Unmut auslassen musste, nahm sie ihren Hut vom Kopfe und warf ihn mitten in das Zimmer.
»Warum soll ich alles auspacken? Ich weiß gar nicht, ob ich hier bleiben werde«, sagte sie. »Mir gefällt es hier nicht!«
Nellie hatte den Hut aufgenommen und ihn auf ein Bett gelegt.
»Oh«, sagte sie sanft, »du gewöhnst dir schon. Es geht uns alle

wie dich, wenn wir kommen. Du musst nur deiner Kopf nicht hängen lassen. Nun gib die Schlüssels, dass ich öffnen kann.«
Ilses Trotz konnte durch keine Waffe besser geschlagen werden als durch Nellies Sanftmut. Sie gab den Schlüssel und jene schloss auf und begann auszuräumen. Ilse stand dabei und sah zu.
»Oh, du musst dich dein Sachen selbst aufräumen in dein Kommode«, sagte Nellie. »Ich werde dich alles zureichen.«
Ilse hatte wenig Lust dazu. Ordnung kannte sie nur dem Namen nach. Sie nahm die sauber mit roten Bändern gebundene Wäsche und warf sie achtlos in die Schubkästen. Nellie sah diesem Treiben einige Augenblicke zu, dann fing sie an zu lachen.
»Was machst du?«, fragte sie. »Weißt du nicht, wie Ordnung ist? Taschentücher, Kragen, Schürzen – alles wirfst du durcheinander. Hübsch nebeneinander musst du es machen, so –«, und sie zog einen Kasten nach dem andern in ihrer Kommode auf und zeigte Ilse, wie sauber dort alles geordnet war.
»Das kann ich nicht!«, entgegnete Ilse. »Übrigens fällt es mir auch nicht ein, so viel Umstände um die dummen Sachen zu machen!«
»Dumme Sachen!«, wiederholte Nellie. »O Ilse, wie kannst du so sagen! Sieh diese feinen Taschentücher, wie sie schön gestickt – oh und diese süße Schürzen! Und du hast die schwere Bücher darauf getan – wie hast du sie zerdrückt! – Lass nur sein«, fuhr sie fort, als Ilse im Begriffe war, Schuhe und Stiefel auf die Wäsche zu werfen, »ich werde ohne dir machen – du verstehst mir!«
Ilse ließ sich das nicht zweimal sagen. Ruhig sah sie zu, wie Nellie das Schuhzeug nahm und es unten in den Kleiderschrank stellte, wie sie überhaupt jedem Ding den rechten Platz gab.

»Oh, ein schönes Buch!«, rief diese plötzlich und nahm ein Buch aus dem Koffer, das höchst elegant in braunem Samt gebunden und mit silbernen Beschlägen verziert war. In der Mitte des Deckels befand sich ein kleines Schild, auf welchem eingraviert war: Ilses Tagebuch.
Ilse nahm es Nellie aus der Hand und sah es verwundert an. Was war das für ein Buch? Sie wusste nichts davon. Ein kleiner Schlüssel steckte in dem Schlosse desselben, und als sie es aufgeschlossen hatte, fiel ein beschriebenes Blatt ihr gerade vor die Füße. Sie hob es auf und las:

Mein liebes Kind!
Möge dieses Buch dein treuer Freund in der Fremde sein. Wenn dein Herz schwer ist, flüchte zu ihm und teile ihm mit, was dich bedrückt. Es wird verschwiegen sein und dein Vertrauen nie missbrauchen.
Gedenke in Liebe deiner Mama.

Ohne ein Wort zu sagen, legte Ilse das Buch beiseite. Sie empfand keinen Funken Freude über die reizende Überraschung. Auch blieben die liebevollen Worte der Mutter ohne Eindruck auf sie.
»Freut dir das Buch nicht?«, fragte Nellie, die sich über diese Gleichgültigkeit wunderte.
Ilse schüttelte den Kopf. »Was soll ich damit?«, fragte sie und ihr Mund zog sich trotzig in die Höhe. »Ich schreibe niemals etwas hinein. Ich werde froh sein, wenn ich meine Aufgaben gemacht habe. Zu langen, unnützen Geschichten habe ich keine Zeit und keine Lust.«
»Ich würde viel Freude haben, wenn ich eine Mutter hätte, die mir so beschenkte«, sagte Nellie traurig.
»Ist deine Mutter tot?«, fragte Ilse teilnehmend.

»O sie ist lange, lange tot«, entgegnete Nellie. »Sie starb, als ich noch ein kleines Baby war. Meine Vater ist auch tot – ich bin ganz allein. Niemand hat mir recht von Herzen lieb.«
»Arme Nellie«, sagte Ilse und ergriff ihre Hand. »Aber du hast Geschwister?«
»O nein! Keine Schwester – ganz allein! Ein alte Onkel lasst mir in Deutschland ausbilden, und wenn ich gutes Deutsch gelernt habe, muss ich eine Gouvernante sein.«
»Gouvernante!«, rief Ilse erstaunt. »Du bist doch viel zu jung dazu! Alte Mädchen können doch erst Gouvernanten werden!«
Über diese naive Anschauung musste Nellie herzlich lachen und nun war ihre traurige Stimmung wieder verschwunden und ihre angeborene Heiterkeit brach hervor, wie der Sonnenstrahl durch graue Wolken. Auf Ilse aber hatte Nellies Verlassensein einen tiefen Eindruck gemacht.
»Lass mich deine Freundin sein«, bat sie in ihrer kindlich offenen Weise, »ich will dich auch sehr lieb haben.«
»Gern sollst du meine Freundin sein«, entgegnete Nellie und reichte Ilse die Hand. »Du hast mich von der erste Augenblick so nett gefallen.«
Der große Koffer war nun leer und Nellie ergriff den kleinen und war eben im Begriff, die Riemen desselben loszuschnallen, als Ilse ihr ihn unsanft aus der Hand nahm.
»Der bleibt geschlossen!«, sagte sie. »Du darfst nicht sehen, was darin ist!«
»Oje! Was du machst so böse Augen!«, rief Nellie und stellte sich höchst erschrocken. »Hast du Heimlichkeiten in der kleine Koffer? Ist wohl Kuchen und Wurst darin?«
Nellie begleitete ihre Worte mit so komischen Gebärden, dass Ilse lachen musste. Sie bereute auch schon ihre Heftigkeit.
»Ich war recht heftig, Nellie, sei mir nicht böse«, bat sie. »Wenn

du mich nicht verraten willst, dann werde ich dir zeigen, was darin ist; aber gib mir die Hand darauf, dass du schweigen wirst.«

Nellie legte den Zeigefinger auf den Mund und besiegelte mit einem Händedruck ihre Verschwiegenheit.

Jetzt nahm Ilse den Schlüssel, den sie am schwarzen Bande um den Hals trug, und als sie eben im Begriffe war aufzuschließen, wurde zum Abendessen geläutet.

»O wie schade!«, rief Nellie, die vor Neugierde brannte, die geheimnisvollen Schätze zu sehen. »Nun müssen wir hinunter und erst nach die Schlafgehen können wir auspacken!«

»Nach dem Schlafengehen?«, fragte Ilse erstaunt. »Da liegen wir ja in unseren Betten.«

»Schweig!«, entgegnete Nellie und legte abermals den Finger auf den Mund. »Das ist meines Geheimnis.«

Ilse erhielt ihren Platz neben der Vorsteherin. An ihrer anderen Seite saß eine junge Russin, Orla Sassuwitsch, elegante Erscheinung mit kurz geschnittenem, schwarzem Haar, sehr lebhaften, dunklen Augen und einem Stupsnäschen. Sie zählte siebzehn Jahre, sah aber älter aus. Übrigens sprach sie fließend Deutsch.

Ilse hätte gern neben Nellie gesessen, mit der sie in den wenigen Stunden so vertraut geworden war. Die aber stand im Moment mit noch einem Mädchen an einem Nebentisch und war der Wirtschafterin behilflich den Tee zu servieren.

Verschiedene Schüsseln mit Butterbrötchen, die reichlich mit Wurst und Braten belegt waren, standen verteilt auf den Tischen.

Fräulein Raimar ergriff die vor ihr stehende und reichte sie Ilse.

»Nimm dir«, sagte sie, »und gib dann weiter an deine Nachbarin.«

Ilse war hungrig. Am Mittag hatte sie fast keinen Bissen genießen können, jetzt aber nahm sie sich vier Schnitten auf einmal, legte zwei und zwei aufeinander und verschlang den ganzen Vorrat in drei bis vier Bissen. Freilich hatte sie den Mund recht voll. Das kümmerte sie indes wenig, denn sie war gewohnt, von einem ländlichen Butterbrote tüchtig abzubeißen. Solch zarte Teebrötchen hatte sie daheim stets verschmäht. Als sie trank, hielt sie ihre Tasse mit beiden Händen und stützte dabei die Ellenbogen auf den Tisch.
Fräulein Raimar wurde erst aufmerksam, als sie in ihrer Nähe unterdrücktes Kichern hörte. Melanie und Grete Schwarz, zwei Schwestern aus Frankfurt am Main, die Ilse gerade gegenüber saßen, amüsierten sich köstlich über deren Ungeniertheit, stießen heimlich ihre Nachbarinnen an und zeigten verstohlen auf die Nichtsahnende.
Ein strenger Blick der Vorsteherin brachte die Mädchen zur Ruhe. Sie liebte es nicht, dass über anderer Schwächen und Fehler gespottet wurde. Über Ilses unmanierliche Art zu essen sagte sie vorläufig nichts, um sie nicht vor den vielen Mädchen zu blamieren.
Abermals wurde Ilse die Brotschüssel gereicht und abermals nahm sie die gleiche Portion und verzehrte sie genau wie zuvor.
»Die ist gefräßig!«, flüsterte die fünfzehnjährige Grete ihrer um zwei Jahre älteren Schwester zu. »Sieh nur, wie sie wieder stopft.«
Melanie musste die Hand vor den Mund halten, sonst hätte sie laut herausgelacht.
Um halb acht Uhr war das Abendessen vorbei und zugleich wurde den Pensionärinnen die Erlaubnis gegeben, bis neun Uhr frei zu tun, was sie wollten. Dann war Schlafenszeit.
»Komm«, sagte Nellie und trat auf Ilse zu, »ich werde mit dich in die Garten spazieren. Aber du hast ja dein Serviette noch

nicht schön gelegt und die Ring drauf gezogen! Das musst du erst machen.«
»Nein«, entgegnete Ilse, »das werde ich nicht! Wozu sind denn die Dienstmädchen da?«
»Hier, meine liebe Kind, musst du solche Dinge tun, wir machen es alle.«
Richtig, da lagen sämtliche Servietten sauber zusammengewickelt, sie war die Einzige, die es nicht getan hatte. Ungeduldig nahm sie die ihrige, schlug sie flüchtig zusammen und zog den Ring darüber.
»So nicht«, meinte Nellie.
Und sie faltete die Serviette noch einmal schnell und geschickt mit ihren kleinen Händen. Es war eine Lust, ihr zuzusehen.
»Nun schnell in den Garten!«, sagte sie, nahm Ilses Arm und führte sie dorthin.
Es war ein hübscher Garten, den Ilse jetzt kennen lernte. Nicht so groß und parkartig wie der heimatliche, aber wohl gepflegt. Schöne, hohe Bäume standen darin, auch fehlte es nicht an lauschigen Plätzen. Von allen Seiten sah man auf die grün bewaldeten Berge.
»Ist es nicht nett hier?«, fragte Nellie. »Habt ihr bei dich auch so schön Berge?«
»Nein, Berge haben wir nicht«, entgegnete Ilse, »aber es gefällt mir doch besser bei uns. Es ist alles so frei, ich kann das ganze Feld übersehen. Eine Mauer haben wir auch nicht um unsern Park, nur eine grüne Hecke, das ist viel hübscher.«
Nellie zeigte ihr sämtliche Lieblingsplätze. Sie führte sie zur Schaukel, zum Turnplatz und zuletzt zu einer alten Linde, die mit ihren breiten Zweigen und Ästen einen großen, runden Raum beschattete.
»Oh, es ist süß hier! Nicht wahr?«, fragte sie entzückt und sah mit leuchtenden Augen hinauf in das grüne Blätterdach. »Die-

ser alte Baum kann viel erzählen, wenn er sprechen will! Er weiß so viel Geheimnisse, die hier verraten sind!«
Bei dem Geplauder Nellies verging die Zeit schnell. Ilse, die sich am Morgen so unglücklich gefühlt hatte, die am Nachmittage geglaubt hatte, dass sie nie die Trennung vom Papa überleben könnte, hatte schon mehrmals herzlich über Nellie lachen müssen, denn diese hatte eine so drollige Art, sie auf diese oder jene Pensionärin aufmerksam zu machen.
»Wie heißt das junge Mädchen, das bei Tische neben mir sitzt?«
»Die mit die kurze Haar und der Klemmer auf die Nase? Das ist Orla Sassuwitsch. Oh, sie ist klug! Wir haben alle eine kleine wenig Furcht für sie, weil sie immer die Wahrheit gerade in die Gesicht sagt.«
»Das ist doch hübsch«, meinte Ilse.
»O ja, wenn sie angenehm ist, aber zuweilen tut die Wahrheit weh, das hört keiner Mensch gern. Wenn ich zu sie sagen würde: ›Orla, du hast geraucht!‹, das würde sie gar nicht gefallen und es ist doch die Wahrheit. Ich habe durch ihr Schlüsselloch gelugt und habe große, rauchige Wolken gesehen...«
Sie waren jetzt bei einer Trauerweide angelangt, die ihre grünen Zweige bis auf den Boden gesenkt hatte. Nellie blieb stehen und bog einige Zweige auseinander.
»Hier, Ilse, stell ich dich unsre Dichterin vor«, sagte sie lachend.
Die Angeredete blickte hinein und sah ein junges Mädchen auf einer kleinen Bank sitzen, das hoch aufgeschossen, blond und blass und deren Gesicht mit zahllosen Sommersprossen bedeckt war. Sie hatte auf dem Schoß ein dickes, blaues Heft liegen, in welchem sie eifrig schrieb.
Mit einer gewissen neugierigen Scheu blickte Ilse sie an. Es war

ihr neu, dass junge siebzehnjährige Mädchen schon dichten können.
»Sie schreibt Romane«, fuhr Nellie fort, »aber wie! Es kommen immer gebrochene Herzen drin vor. – Du wirst dir die Augen schaden, du hast ja keine Licht genug zu deine Romane!«
Bis dahin hatte Flora Hopfstange sich nicht stören lassen in ihrer Arbeit, jetzt aber wurde sie ärgerlich.
»Ich bitte dich, lass mich in Ruhe, Nellie!«, rief sie und schlug ihr hellblaues Auge schwärmerisch auf. »Ich hatte eben einen so wundervollen Gedanken, nun habe ich ihn verloren!«
»Oh, ich will ihn suchen!«, neckte Nellie und bückte sich auf die Erde nieder, als ob sie ihn dort finden könne.
»Du bist unausstehlich!«, entgegnete Flora aufgebracht. »Du freilich hast keine Ahnung von meiner Poesie, verstehst du doch nicht einmal Deutsch zu sprechen!«
»Das ist wahr«, meinte Nellie lachend und verließ mit Ilse die schwer beleidigte Dichterin.
Melanie und Grete kamen ihnen jetzt entgegen. In ihrer Mitte ging ein junges Mädchen. Sie mochte in Melanies Alter sein, mit lieben, sanften Gesichtszügen. Das braune Haar trug sie einfach und glatt gescheitelt, kein Härchen sprang widerspenstig hervor. Freundlich lächelte sie Ilse und Nellie an, die beiden Schwestern dagegen musterten im Vorübergehen die Neuangekommene mit spöttischen Blicken.
»Die Schwestern kennst du«, bemerkte Nellie, »sie sitzen dich gradeüber bei Tisch, aber unsre ›Artige‹ ist dich noch unbekannt. Oh, ich sage dich, Ilse, sie ist so artig wie eines ganz wohlgezogenes Kind. Sie ist immer der Erste in alle Stunden und macht nie eine dummer Streich, kurz, Rosi Müller ist eines Musterkind.«
»Was sagst du von unserm Musterkind?«, rief plötzlich eine

fröhliche Mädchenstimme. »Nellie, Nellie, dein Lästermäulchen geht sicher mit dir durch!«
»Du irrst dir, liebes Lachtaube«, entgegnete Nellie, »Ilse ist noch so fremd, ich mache ihr bekannt.«
»Wer war das?«, fragte Ilse, als die kleine, runde Mädchengestalt, die an Orlas Arm hing, vorüber war.
»Das ist Annemie von Bosse, genannt Lachtaube. Sie lacht sehr viel, eigentlich immer, und sie kann kein Ende davon finden. Man muss mitlachen, sie steckt an. – Nun habe ich dich aber alle Mädchen gezeigt, die in unser Alter sind, die andern sind zu jung.«

Mit dem Schlage neun begaben sich sämtliche Pensionärinnen zurück ins Haus. Bevor sie zur Ruhe gingen, war es Sitte, dass sich alle erst in das Zimmer der Vorsteherin begaben, um ihr gute Nacht zu wünschen. Diese gab jeder Einzelnen einen Kuss auf die Stirn. Zuweilen ermahnte, lobte oder tadelte sie diese oder jene dabei, wenn sie den Tag über etwas gut oder schlecht gemacht hatten. All das geschah aber in liebevollem Tone, nicht anders, als wenn eine Mutter zu ihrem Kinde spricht.
»Ich möchte noch mit dir sprechen, liebe Ilse«, sagte Fräulein Raimar, als Ilse ihr gute Nacht sagte. Und als sämtliche Mädchen das Zimmer verlassen hatten, ermahnte sie Ilse etwas manierlicher zu essen.
»Du darfst die Tasse nicht mit beiden Händen fassen und die Ellbogen dabei aufstützen, Kind, du glaubst nicht, wie unschön das aussieht. Achte auf deine Mitschülerinnen, du wirst sehen, dass keine Einzige es wie du macht. Und dann, weißt du, stecke nicht wieder so große Bissen in den Mund. Die kleinen Kinder machen es zuweilen so, aber dann nennt die Mama sie ›Nimmersatt‹!«
Ilse war dunkelrot geworden vor Ärger über diese Ermahnung.

Trotzig biss sie die Lippen aufeinander und unterdrückte eine ungezogene Antwort.

»Geh nun zu Bett, mein Kind, und schlafe gut.«

Sie war im Begriffe, Ilse einen Kuss auf die Stirn zu geben, als diese mit einer heftigen Bewegung den Kopf zurückbog. Es war ihr unmöglich, sich von der Vorsteherin küssen zu lassen, die sie in diesem Augenblick geradezu hasste.

Fräulein Raimar wandte sich unwillig von dem Trotzkopf ab, ohne noch etwas zu sagen, und Ilse verließ das Zimmer.

Sie lief die Treppe hinauf und trat atemlos zu Nellie in das Zimmer. Die Türe warf sie heftig in das Schloss und schob auch noch den Riegel vor, was in der Pension streng untersagt war.

»Mach nicht der Riegel zu«, sagte Nellie. »Wir dürfen das nicht tun. Wenn wir in die Bett liegen, kommt Fräulein Güssow bei uns nachsehen.«

Ilse rührte sich natürlich nicht und Nellie musste das selbst besorgen. Ungestüm warf sich Ilse auf ihr Bett und brach in Tränen aus. »Oh, was ist dich?«, fragte Nellie erschrocken.

»Hier bleibe ich nicht! Ich reise morgen fort! Wenn das mein Papa wüsste, wie sie mich behandelt hat!«, rief Ilse aufgeregt.

Durch viele Fragen bekam Nellie in einzelnen abgerissenen Sätzen von Ilse heraus, was Fräulein Raimar gesagt hatte.

»Ich esse ungeschickt – ich nehme zu große Bissen – ich bin ein Nimmersatt! Zu Hause darf ich essen, wie und was ich will! Ich will wieder fort! Morgen reise ich ab!«

»Du musst dir nicht so viel grämen um so kleine Sach«, sagte Nellie und strich liebkosend Ilses lockiges Haar. »Fräulein Raimar meint es gut und will dir nicht beleidigen. Mit uns alle macht sie es so. – Nun komm, wir legen uns jetzt in die Bett und später, wenn Fräulein Güssow bei uns eingesehen hat, stehen wir ganz leise wie die Mäuschen wieder auf und packen deiner kleine Koffer leer.«

Aber so leicht war Ilse nicht zu beruhigen. »Nein!«, rief sie und sprang auf. »Der kleine Koffer bleibt verschlossen! Ich reise wieder fort!«

Hastig zog sie sich aus, warf ihre Kleidungsstücke drunter und drüber und legte sich schluchzend in ihr Bett. Schweigend ordnete Nellie die zerstreuten Sachen. Sie hing das schöne Kleid an einen Nagel, das Ilse auf einen Stuhl geworfen hatte, und legte alles Übrige glatt und ordentlich zusammen. Dann ging auch sie zu Bett.

Ilse schluchzte noch lange vor sich hin. Ihre Gedanken kehrten zum Vater zurück und begleiteten ihn auf seiner Rückreise. In wenigen Stunden musste er die Heimat erreicht haben. Ach, wenn er wüsste, wie sein einziges Kind behandelt wurde! Sie fühlte sich zu unglücklich in der Gefangenschaft! – Wie ein Kind weinte sie sich in den Schlaf, aber böse Träume schreckten sie mehrmals auf. Bald hielt sie eine mächtige Teetasse in der Hand und ließ sie zur Erde fallen, bald hielt ihr die Vorsteherin im grauen Kleide ein heimatliches Butterbrot dicht vor den Mund, wollte sie aber zubeißen, war es verschwunden.

Um sechs Uhr am andern Morgen hieß es ohne Gnade: aufgestanden! Ilse pflegte daheim bald früh, bald spät aufzustehen, wie sie gerade Lust hatte. Einer bestimmten Ordnung, wie sie die Mama so sehr gewünscht, hatte sie sich nicht fügen wollen. Es wurde ihr denn auch nicht wenig schwer, sich so auf Kommando erheben zu müssen. Gerade heute hatte sie den Wunsch,

sich noch einige Male im Bette herumzudrehen. Aber daran war nicht zu denken, Nellie stand schon da und wusch sich. Mit einem Sprung war sie Schlag sechs Uhr aus dem Bett gewesen.
»Wach auf, Ilse«, sagte sie, »um halb sieben trinken wir Kaffee.«
»Schon aufstehen?«, antwortete die Verschlafene. »Aber ich bin noch so müde.«
»Tut nix, du darfst nicht mehr schlafrig sein!«
Aber Ilse zögerte noch. Nellie stand schon fertig da, ja hatte schon alles, was sie zur Nacht- und Morgentoilette nötig hatte, beiseite geräumt, als sie sich langsam erhob.
»O Ilse, eile dir, du hast nur zehn Minuten Zeit! Schnell, schnell, ich will dich helfen! Wo sind dein Kamm?«
Ilse zeigte auf ein Papier, das im Fenster lag. »Dort liegen sie eingewickelt«, gab sie zur Antwort.
»Das ist nicht nett, das gefällt mir nicht«, meinte Nellie und rümpfte das Näschen. »Du musst dich ein Taschen nähen, von grauer Stoff und rote Band, sieh, wie dies da«, und sie zeigte ihre Kammtasche.
Ilse machte nicht viel Umstände mit ihrem Haar. Sie kämmte und bürstete es, damit war alles abgemacht, die natürlichen Locken ringelten sich von selbst ohne weitere Bemühung. Nellie schlang ihr hellblaues Band hindurch und band es mit einer Schleife seitwärts zu.
»Nun noch die Schürze«, sagte sie, als Ilse so weit fertig war. Sie lachte, als Ilse sich dagegen sträubte.
»Du bist ein klein albern Ding«, schalt sie und band ihr trotz Ilses heftigem Widerstand die Schürze vor. »Gleich hältst du still! Ohn ein Schürzen gibt es kein Kaffee.«
Die lustige Nellie setzte es wirklich durch, dass Ilse sich ihrem Willen fügte.

»So«, sagte sie, »nun bist du schön: Die blau gestickter Schürze ist sehr nett und du bekommst einer süßer Kuss.«
An langen Tafeln saßen die Mädchen bereits, Nellie und Ilse waren die Letzten. Fräulein Raimar war morgens niemals zugegen. Fräulein Güssow führte die Aufsicht. Ilse musste sich zu ihr setzen. Als ihr der Kaffee gereicht wurde, nahm sie die Tasse ganz manierlich beim Henkel in die Hand, aß auch, wie es sich gehörte, nicht mit großen Bissen wie am Abend zuvor; aber sie schlürfte den Kaffee so laut, dass sie allgemeine Heiterkeit erregte.
Ilse hatte keine Ahnung, dass das Gelächter ihr galt.
»Du führst ja ein wahres Konzert auf«, sagte Orla. »Machst du das immer so?«
Ilse fühlte sich schwer beleidigt. Hastig setzte sie die Tasse nieder, erhob sich und eilte hinaus.
»Du durftest sie nicht vor all den Übrigen so beschämen, Orla«, tadelte Fräulein Güssow, indem sie ebenfalls aufstand, um Ilse zu folgen. »Das kränkt sehr.«
Ilse war gerade im Begriff, in den Garten zu gehen, als die junge Lehrerin sie zurückrief.
»Wo willst du hin, Ilse?«, fragte sie. »Was fällt dir ein, mein Kind, dass du davonläufst, wie es dir gerade in den Sinn kommt? Komm gleich zurück und verzehre dein Frühstück.«
»Ich mag nicht mehr frühstücken«, entgegnete Ilse, »und ich gehe nicht wieder hinein! Sie haben mich alle ausgelacht. Es geht niemanden etwas an, wie ich esse und trinke, ich mach es, wie ich will! Vorschriften lasse ich mir nicht machen, nein!«
»Ehe ich weiter mit dir spreche, bitte ich dich erst ruhig und vernünftig zu sein, liebe Ilse. Ich kann nicht dulden, dass du in einem so unartigen Tone zu mir sprichst.«
Sehr ernst und nachdrücklich hatte Fräulein Güssow gespro-

chen, aber es klang doch ein Ton der Liebe hindurch. Ilse blickte zu Boden und etwas wie Beschämung stieg in ihr auf.
»Gib mir deine Hand, du kleiner Brausekopf!«, sagte die Lehrerin freundlich. »Und versprich mir, nicht wieder so stürmisch zu sein und deiner augenblicklichen Laune zu folgen, selbst wenn du glaubst im Rechte zu sein. Heute warst du es nicht einmal, du hast wirklich etwas unappetitlich getrunken. Orla hat es gut gemeint, dass sie dich darauf aufmerksam machte, du darfst ihr darum nicht böse sein. Es ist doch besser, jetzt als Kind zurechtgewiesen zu werden, als wenn deine Fehler und Angewohnheiten späterhin zum Spott der Gesellschaft würden.«
Daheim hatte Ilse niemals hören wollen, dass sie eine junge Dame sei. Jetzt aber berührte sie es gar nicht angenehm, dass man sie gewissermaßen noch zu den Kindern rechnete.
»Nun, siehst du das ein, Ilse?«, fragte die Lehrerin.
Vielleicht tat sie es, aber sie würde ein Ja nicht über die Lippen gebracht haben. Fräulein Güssow begnügte sich mit ihrem Stillschweigen und nahm es als Zustimmung.
»Nun wollen wir zurück in den Speisesaal gehen«, sagte sie und Ilse wagte keine Widerrede. Sie folgte dem Fräulein mit niedergeschlagenen Augen. Sie hatte Furcht vor den vielen peinlichen Blicken, die sich alle auf sie richten würden.
Als sie eintraten, war das Zimmer leer und die Frühstückszeit vorüber. Niemand war froher als Ilse, die sich erlöst vorkam.
»Ich habe noch einen Auftrag für dich, Ilse«, sagte die Lehrerin. »Fräulein Raimar wünscht deine Arbeitshefte zu sehen. Auch sollst du zugleich mündlich geprüft werden. In einer Stunde finde dich in dem Konferenzzimmer ein, du wirst dort zugleich einen Teil deiner zukünftigen Lehrer und Lehrerinnen kennen lernen.«
»Wollen sie mich alle prüfen?«, fragte Ilse etwas besorgt.

»Nein«, entgegnete das Fräulein, »aber sie werden zuhören, wenn Fräulein Raimar dich examiniert. Später wirst du dann erfahren, in welche Klasse du gesetzt bist, und morgen nimmst du zum ersten Mal an dem Unterricht teil.«

Ilse ging in ihr Zimmer und suchte ihre Hefte zusammen. Sie waren nicht in der besten Verfassung. Das Deutsch-Aufsatzheft zierten verschiedene Tintenflecke, und sogar einige Fettflecke machten sich darauf breit. Das Französischheft wurde ganz beiseite gelegt. Sie hatte versucht einige Seiten, die gar zu verschmiert waren, herauszureißen und durch diesen Gewaltstreich waren alle anderen Blätter gelockert – unmöglich konnte sie das Buch in dieser Verfassung vorzeigen.

Nellie, die gerade eine freie Stunde hatte, sah Ilses Treiben erstaunt zu. »Was tust du?«, fragte sie. »Willst du deine Bücher so Fräulein Raimar vorzeigen? Das darfst du nicht. Hat deiner Herr Pastor dir dies erlaubt? Gib schnell, ich will dich blaues Umschläge drumwickeln, das ist nett und man sieht die alte Flecken nicht.«

»Gib her!«, rief Ilse gereizt. »Sie sind gut so! Es ist mir ganz egal, ob Fräulein Raimar die Flecken sieht oder nicht!«

»Nicht so zornig, Fräulein Ilse! Würde es dir vielleicht spaßig sein, wenn Fräulein Raimar deine Buch mit spitze Finger hochhielt und sie alle Lehrer zeigte? O nein, das wäre dich nicht egal und nicht spaßig. Besonders wenn Herr Doktor Althoff, unser Deutschlehrer, mit seine bekannte, höhnische Lachen dir so von die Seiten ansieht und fragt: ›Wie alt sind Sie, mein Fräulein?‹«

Trotz Ilses Ungeduld setzte Nellie ihren Willen durch.

»So, nun kannst du gehen«, sagte sie, als sie auch dem letzten Hefte ein blaues Kleid gegeben hatte. »Nun bedanke dich für meine Mühe.«

»Du bist doch sehr gut, Nellie«, meinte Ilse. »Wie ist es dir nur

möglich, stets so sanft und geduldig zu sein? Ich kann das nicht!«
»Oh, du lernst schon, Kind. Wirst noch eine ganz zahme, kleine Vogel sein!«, entgegnete Nellie.
Um elf Uhr ging Ilse hinunter in das Konferenzzimmer. Mehrere Lehrer und einige Lehrerinnen saßen um einen Tisch. Fräulein Raimar nahm den Platz am oberen Ende ein.
»Tritt näher, Ilse«, sagte sie und machte mit einigen freundlichen Worten die neue Schülerin mit ihren zukünftigen Lehrern bekannt. Darauf ließ sie sich die Schreibhefte reichen. Das Aufsatzbuch fiel ihr zuerst in die Hand. Sie blätterte und las darin und einige Male schüttelte sie den Kopf.
»Oft recht gute und klare Gedanken«, bemerkte sie zu dem neben ihr sitzenden Lehrer der deutschen Sprache, Doktor Althoff, »und dabei diese oberflächliche, flüchtige Schrift. Sehen Sie einmal, ›uns‹ mit einem ›z‹ geschrieben – ›Land‹ mit einem ›t‹. Da werden wir viel Versäumtes nachzuholen haben. Wie schreibst du ›Land‹, Ilse, buchstabiere einmal.«
Ilse konnte diese Frage unmöglich ernst nehmen. War sie denn ein kleines Mädchen aus der ersten Klasse? Sie zögerte mit der Antwort.
Die Vorsteherin indes war nicht gewohnt zu scherzen, sie sah die schweigende Ilse erstaunt an.
»Wie du ›Land‹ schreibst, möchte ich von dir wissen«, wiederholte sie noch einmal in bestimmtem Tone, der jeden Zweifel, ob es ernst gemeint sei oder nicht, nahm.
Ilse kräuselte etwas unwillig die Stirn, zog die Lippe in die Höhe und buchstabierte so schnell, dass man ihr kaum folgen konnte: »L–a–n–d.« Den Blick hatte sie zum Fenster hinausgewandt, um Fräulein Raimar nicht anzusehen.
»Also nur ein Flüchtigkeitsfehler. Ich dachte es mir«, sagte diese. »Wenn du in Zukunft deine Aufsätze machst, wirst du

sehr aufmerksam sein. Fehler, wie ich sie in deinen Aufgaben finde, kommen bei uns in der Tertia nicht mehr vor.«
Es wurden Ilse nun Fragen in den verschiedensten Fächern vorgelegt. Manchmal fielen die Antworten überraschend klug aus, zuweilen dagegen geradezu einfältig. Doktor Althoff lächelte einige Male, was Ilse das Blut bis in die braunen Locken hinauftrieb. Sie ärgerte sich darüber und drehte ihr Taschentuch wie eine Wurst fest zusammen.
Im Französischen bestand sie gut. Monsieur Michael, der französische Lehrer, ein älterer Herr mit weißem Haar, redete sie gleich in dieser Sprache an, sie antwortete ihm korrekt und fließend.
Miss Lead, die englische Lehrerin, hatte weniger Glück bei ihrer Anrede. Ilse holperte sehr, als sie die Antwort gab.
»Nun kannst du uns verlassen, Kind«, sagte Fräulein Raimar. »Dein Examen ist zu Ende. Später werde ich dir mitteilen, welche Klasse du besuchen wirst.«
Nachdem Ilse das Zimmer verlassen hatte, wurde nach einigem Hin- und herberaten der Beschluss gefasst, sie in die Sekunda zu schicken. Im Französischen solle sie indes die Prima besuchen.
»Ich glaube, Ilse wird uns viel Sorge bereiten«, äußerte die Vorsteherin besorgt. »Sie ist widerspenstig und trotzig. Auch kann sie nicht den geringsten Tadel vertragen.«
»Aber sie hat ein gutes Herz«, fiel Fräulein Güssow lebhaft ein. »Mit Strenge werden wir wenig ausrichten. Dagegen hoffe ich, dass es uns mit Liebe und Energie gelingen wird, ihren Trotz zu zähmen.«
»Das ist ganz meine Ansicht!«, stimmte Monsieur Michael bei. »Sie werden sehen, meine Damen und Herren, Mademoiselle Ilse wird eine Zierde der Pension sein! Mit welcher Eleganz spricht sie Französisch, wie gewählt setzt sie die Worte! Ah, sie ist ein Genie!« Der kleine Herr hatte sich richtiggehend in

Begeisterung geredet und seine Worte mit lebhaften Gesten begleitet.
»Ich wünsche von Herzen, dass Sie Recht haben mögen«, entgegnete Fräulein Raimar und erhob sich von ihrem Platze. »An Liebe und Nachsicht wollen wir es nicht fehlen lassen, vielleicht gelingt es uns, Ilse verständig und gefügig zu machen.«

Fürs Erste schien jedoch wenig Aussicht dazu zu bestehen. Beim Mittagessen legte Ilse wieder den Beweis ab, wie Recht Fräulein Raimar hatte, wenn sie behauptete, dass Ilse keinen Tadel ertragen könne.
Sie hielt die Gabel schlecht. Die Fingerspitzen berührten fast die Speisen. Das Gemüse verzehrte sie mit dem Messer und so heiß, dass sie manchmal, um sich nicht zu verbrennen, den Bissen wieder aus dem Munde fallen ließ. Auch hielt sie den Kopf sehr tief über den Teller gebeugt, was ihr das Aussehen eines hungrigen Kindes gab.
»Sitze gerade, liebe Ilse«, ermahnte die Vorsteherin. »Es ist nicht gesund, so krumm zu sitzen.«
»Ich esse immer so«, erwiderte sie ziemlich kurz.
»Ich aß immer so, meinst du wohl, mein Kind, denn hier wirst du dich daran gewöhnen, zu tun, was Sitte ist... Hast du zu Hause auch stets die Gabel so kurz gefasst und mit dem Messer gegessen?«
»Ja«, sagte Ilse und warf den Kopf leicht in den Nacken. »Papa hatte nie etwas an mir auszusetzen, er war zufrieden, wenn es mir nur schmeckte.«
»Aber die Mama, hat auch sie deine Art zu essen gutgeheißen?«
Ilse schwieg. Eine Unwahrheit konnte und mochte sie nicht sagen, denn wie oft hatte die Mutter sie wegen ihrer Tischsitten ermahnt. Fräulein Raimar bestand nicht auf einer Antwort. Es

gefiel ihr, dass Ilse lieber schwieg, als gegen ihre Überzeugung zu sprechen.

»Nun iss nur, Kind«, fuhr sie fort. »Mit der Zeit wirst du dich schon gewöhnen. In wenigen Wochen hast du alle deine kleinen Unebenheiten abgestreift und wir werden niemals nötig haben, etwas an dir zu rügen. Nicht wahr?«

»Ich weiß es nicht«, erwiderte Ilse und sah mit einem ziemlich verdrießlichen Gesicht auf den Teller nieder.

»Du musst dir Mühe geben, dann wird es schon gehen.«

Dazu schwieg Ilse. Natürlich war sie fest davon überzeugt, dass ihr das größte Unrecht geschah. Warum sollte sie nicht natürlich essen? Der Papa hatte stets gesagt, sie solle keine Zierpuppe werden. Nun hatte man bei allem, was sie tat, etwas auszusetzen. Sie wagte kaum noch, etwas zu genießen, und wenn das so weiterging, wollte sie lieber verhungern.

Am Abend, als Fräulein Güssow bereits ihre Runde gemacht hatte, als das Licht gelöscht war und alles still im Hause war, rief Nellie: »Bist du wach, Ilse?«

»Ja«, antwortete diese. »Was ist denn?«

»Zieh dir leise an, wir wollen dein kleiner Koffer auspacken.«

»Es ist aber doch dunkel«, meinte Ilse.

»Oh, lass nur, ich habe schon eine Licht.«

Leichtfüßig stieg Nellie aus ihrem Bett und ging auf Strümpfen an ihre Kommode. Sie zog den oberen Kasten vorsichtig heraus und nahm eine kleine Kerze heraus. Nachdem sie sie angezündet hatte, stellte sie ein Buch davor, damit kein Lichtschimmer durch das Fenster drang.

»Wo hast du der Schlüssel?«, fragte sie.

»Hier«, entgegnete Ilse und zog ihn unter dem Kopfkissen hervor. »Ich werde selbst aufschließen.«

Nellie leuchtete mit der Kerze und hielt die Hand davor. Vornübergebeugt stand sie in neugieriger Erwartung, der Schätze harrend, die sich vor ihren Augen auftun würden. Recht enttäuscht wurde sie, als Ilse anfing auszupacken. Die erwarteten Delikatessen – Nellie war eine Freundin davon – kamen nicht zum Vorschein.

»Oh, hast du keine Kuchen?«, fragte sie, warf den Plunder heraus und durchwühlte den Koffer mit der Hand.

»Au, au!«, rief sie plötzlich und fuhr mit der Hand zurück. »Was ist dies? Ich habe mir gestochen!« Und richtig, ein roter Blutstropfen hing an dem kleinen Finger.

Ilse begriff nicht, woher die Wunde kam, bis sie selbst in den Koffer griff und die Ursache entdeckte – o Schreck! Das Glas mit dem Laubfrosch war zerbrochen und Nellie hatte sich an einem Glassplitter geschnitten.

»Wo nur der Frosch ist«, sagte Ilse ängstlich und räumte die Scherben fort.

»Was – eine Frosch? Eine lebendige Frosch? Das arme Tier!«

Ilse hatte soeben den kleinen Laubfrosch gefunden – natürlich war er tot. Sie legte ihn auf die flache Hand und hauchte ihn an. Vielleicht konnte sie ihn wieder zum Leben bringen! Nellie lachte sie aus.

»Du hast die arm klein Frosch gemordet«, sagte sie und nahm ihn in die Hand. »Morgen früh wollen wir ihn in eine Schachtel legen und unter die Linde vergraben.«

Ilse sah traurig auf den Frosch und die Tränen traten ihr in die Augen. Sie hatte das Tierchen selbst gefangen, es stets gefüttert

und eine große Freude daran gehabt. Nun hatte sie es durch eigne Schuld getötet.
»Wie schlecht von mir! Dass ich so dumm sein konnte!«, klagte sie sich an. »Ich dachte gar nicht daran, als ich meine Sachen packte, dass er ersticken würde. Es ging so schnell –«
Einigermaßen tröstete sie die Aussicht auf das Begräbnis unter der Linde.
»Wir machen einer kleiner Hügel«, sagte Nellie, »und pflanzen Blumen darauf. Und ein klein Holzkreuz stecken wir in die Erden und schreiben daran: Hier ruht Ilses Frosch. Er musste sein junge Leben lassen, weil ihm die Luft ausging.«
Dieser komische Einfall ließ Ilses Tränen trocknen. Sie musste lachen.
Auch der ausgestopfte Kanarienvogel hatte sehr gelitten. Das Köpfchen war ganz breit gedrückt und der eine Flügel hing herunter. Nellie gab ihm wieder eine Form. Sie drückte den Kopf rund und versprach auch, den Flügel am anderen Tage wieder anzuleimen.
»Was ist denn das?«, fragte sie plötzlich und hielt Ilses Blusenkleid in die Höhe. »Warum hast du diese geschmacklose Robe eingepackt – und die alte schmutzige Stiefel. Was soll damit?«
Warum? Darüber hatte Ilse selbst noch nicht nachgedacht, aber sie war ärgerlich, ihr Lieblingskostüm so verachtet zu sehen.
»Du verstehst nichts davon«, sagte sie und nahm es Nellie fort. »Es ist mein liebster und schönster Anzug! Ich mag die andern Kleider gar nicht leiden, sie sitzen so fest und sehen so geziert aus.«
»O lass mir ihn probieren«, bat Nellie, »ich will ihn anziehen.«
Dagegen hatte Ilse nichts einzuwenden. Sie half Nellie beim Ankleiden und nach wenigen Augenblicken stand diese in einem ganz wundersamen Aufzuge da.

Der Rock war ihr zu kurz, da sie etwas größer als Ilse war. Darunter lugte das lange, weiße Nachtgewand hervor. Die Bluse war stellenweise zerrissen und Nellie hatte den Ärmel verfehlt und hatte ihren Arm durch ein großes Loch dicht daneben gesteckt, sodass der Ärmel auf dem Rücken hing. Nachdem sie auch noch den schäbigen Ledergürtel um ihre zierliche Taille geschnallt hatte, stand sie fertig da, bis auf die Stiefel, die sie nicht anziehen mochte, weil sie zu schmutzig waren.
»Bequem ist diese Kostüm, das ist wahr«, sagte sie und fing an allerhand lustige Sprünge auszuführen und sich im Kreise zu drehen. »Man ist so luftig – so leicht!«
Ilse brach plötzlich in ein so herzhaftes Gelächter aus, dass Nellie auf sie zueilte und ihr den Mund mit der Hand verschloss.
»Du darfst nicht so laut lachen«, sagte sie, »du wirst uns verraten!«

»Ich kann nicht anders, du siehst ja zum Totlachen aus.«
Nellie trat mit der Kerze vor den kleinen Spiegel und betrachtete sich.
»O wie abscheulich«, sagte sie und riss die Sachen herunter. »Wie kannst du so ein hässlicher Anzug schön finden!«
Ilse verschloss ihre Herrlichkeiten wieder in den Koffer, dann wurde das Licht gelöscht und in wenigen Augenblicken schliefen die beiden Mädchen tief und fest.

Vierzehn Tage waren seit Ilses Aufnahme in der Pension vergangen. Manche bittere Träne hatte sie in der kurzen Zeit, die ihr wie eine Ewigkeit erschien, geweint und oft, recht oft hatte sie die Feder angesetzt, um dem Vater zu schreiben, dass er sie zurückholen möge. Nur weil sie sich vor der Mutter scheute, tat sie es nicht. Erst zweimal hatte sie die vielen und langen Briefe, die sie aus der Heimat erhielt, beantwortet und auch diese nur ganz kurz und mit der Entschuldigung, dass ihr die Zeit zu längeren Briefen fehle.
Endlich, eines Sonntagnachmittags, den fast alle Pensionärinnen zum Briefschreiben benutzten, setzte auch sie sich dazu nieder. Große Lust hatte sie indessen nicht. Sie wusste gar nicht recht, was sie schreiben sollte; wie es ihr eigentlich um das Herz war, mochte sie ja doch nicht sagen.

Sie schlug die neue Schreibmappe auf, wählte nach langem Suchen einen rosafarbenen Bogen mit einer Schwalbe darauf, tauchte eine Feder in das Tintenfass und – malte allerhand Schnörkeleien auf ein Stückchen Papier. Nachdem sie diese Unterhaltung ein Weilchen getrieben, begann sie endlich den Brief. Nach wenigen Zeilen hörte sie auf und legte das Geschriebene beiseite. Der Anfang gefiel ihr nicht. Es wurde ein neuer Schwalbenbogen geopfert und noch einer. Der vierte endlich hatte mehr Glück. Sie beschrieb diesen von Anfang bis zu Ende, ja sie nahm noch einen fünften Bogen dazu. Sie war nun einmal in das Plaudern gekommen, immer wieder fiel ihr etwas ein, das sie dem Papa mitteilen musste:

Mein liebes Engelspapachen!
Es ist heute Sonntag. Das Wetter ist so schön und im Garten blühen die Rosen (da fällt mir eben ein, hat meine gelbe Rose, die der Gärtner im Frühjahr verpflanzt hat, schon Knospen angesetzt? Bitte vergiss nicht, mir Antwort zu geben) – und die Vögel singen so lustig – ach! Und deine arme Ilse sitzt im Zimmer und kann sich nicht im Freien umhertummeln. Mein liebes Pa'chen, das ist recht traurig, nicht wahr? Ich komme mir oft vor wie unser Mopsel, wenn er genascht hatte und zur Strafe dafür eingesperrt wurde. Ich möchte auch manchmal, wie er es tat, an der Türe kratzen und rufen: Macht auf! Ich will hinaus! Es ist gar nicht hübsch, immer eingesperrt zu sein. Zu Haus konnte ich doch immer tun und treiben, was ich wollte, im Garten, auf dem Felde, in den Ställen, überall durfte ich sein und meine reizenden Hunde waren bei mir und liefen mir nach, wohin ich ging. Ach, das war zu himmlisch nett! Was macht Bob, Papachen, und Diana und Mopsel und die andern! Oh, wenn ich sie gleich hier hätte!

Es ist in der Pension alles so furchtbar streng, man muss jede Sache nach Vorschrift tun. Aufstehen, Frühstücken, Lernen, Essen – immer zu bestimmten Stunden. Und das ist grässlich! Ich bin oft noch so müde des Morgens, aber ich muss heraus, wenn es sechs geschlagen hat. Ach, und wie oft möchte ich in den Garten laufen und muss stattdessen auf den abscheulichen Schulbänken sitzen! Die furchtbare Schule!
Ich lerne doch nichts, Herzenspa'chen, ich bin zu dumm. Nellie und die anderen Mädchen wissen viel mehr, sie sind auch alle klüger als ich. Nellie zeichnet zu schön! Einen großen Hundekopf hat sie jetzt fertig, als wenn er lebte, sieht er aus. Und Klavier spielt sie, dass sie Konzerte geben könnte – und ich kann gar nichts!
Wenn ich doch zu Hause geblieben wäre, dann wüsste ich doch gar nicht, wie einfältig ich bin. Nellie tröstet mich oft und sagt: »Es ist keiner Meister von der Himmel gefallen, fang nur an, du wirst schon lernen!« Aber ich habe angefangen und doch nichts gelernt. Ich weiß nur, dass ich sehr, sehr dumm bin.
Am fürchterlichsten sind die Mittwochnachmittage. Da sitzen wir alle von drei bis fünf Uhr in dem Speisesaale. Die Fenster nach dem Garten sind weit offen und ich blicke sehnsüchtig hinaus. Es zuckt mir förmlich in Händen und Füßen, dass ich aufspringen möchte, um in den Garten zu eilen – ich darf es nicht, ganz still muss ich dasitzen und muss meine Sachen ausbessern – Strümpfe stopfen und was ich sonst noch zerrissen habe, wieder flicken. Denke dir das einmal, mein kleines Papachen! Deine arme Ilse muss solche fürchterlichen Arbeiten tun! – Und Fräulein Güssow sagt, das wär notwendig. Sie war ganz erstaunt, dass ich nicht stricken konnte. Man kauft doch jetzt die Strümpfe, das ist ja viel netter, warum muss ich mich unnütz quälen?
Melanie Schwarz, die sehr hübsch ist, sich aber ziert und mit

der Zunge anstößt, sagt immer zu allem: »*Furchtbar nett, furchtbar reizend*«, *oder:* »*furchtbar scheußlich*« – *sie meinte neulich:* »*Du strickst aber furchtbar scheußlich, Ilse.*« *Du siehst, Pa'chen, ich kann nichts!*

In den Abendstunden wird die Unterhaltung einmal auf Französisch, einmal auf Englisch geführt. Französisch kann ich mich verständlich machen, aber mit dem Englischen geht es sehr schlecht, so schlecht, dass ich mich schäme den Mund aufzutun. Nellie ist gut, sie hilft mir und will oft mit mir sprechen, wenn wir allein sind.

Du fragst mich, lieber Papa, ob ich schon Freundinnen habe. Ja, Nellie und noch sechs andre Mädchen sind meine Freundinnen, Nellie aber habe ich am liebsten. Wie sie alle heißen, will ich dir das nächste Mal schreiben. Dann werde ich dir auch erzählen, wie sie aussehen. Heute kann ich mich damit nicht aufhalten, sonst nimmt mein Brief kein Ende. Eine Schriftstellerin ist auch dabei, das muss ich dir noch mitteilen.

Wenn wir spazieren gehen, nämlich jeden Mittag von zwölf bis eins und jeden Nachmittag von fünf bis sieben, gehe ich fast immer mit Nellie in einer Reihe. Wir müssen nämlich wie die Soldaten zwei und zwei nebeneinander marschieren. Eine Lehrerin geht voran, eine hinterher mit einer kleinen Pensionärin an der Hand. Nicht rechts, nicht links dürfen wir gehen, wir müssen immer in Reih und Glied bleiben. Ach! Und ich habe so oft Lust, einmal recht toll davonzulaufen, auf die Berge hinauf – immer weiter! –, aber dann würde ich nicht wieder in mein Gefängnis zurückkehren.

In die Kirche gehen wir jeden Sonntag. Dort gefällt es mir aber gar nicht. Ich sitze zwischen so vielen fremden Leuten und der Prediger, ein ganz alter Mann, spricht so undeutlich, dass ich Mühe habe, ihn zu verstehen. In Moosdorf ist es viel, viel hübscher! Da kenne ich alle Menschen. Und wenn unser Herr

Kantor die Orgel spielt und die Bauernjungen so laut und kräftig anfangen zu singen – und mein lieber Herr Prediger besteigt die Kanzel und predigt so schön zu Herzen, dann ist es mir so feierlich, so ganz anders als hier! Ach, und manchmal, wenn die Sonnenstrahlen durch das bunte Kirchenfenster fallen und so schöne Farben auf den Fußboden malen, dann ist es so herrlich, so herrlich wie nirgendwo auf der ganzen Welt!
Grüße nur alle, du einziger Herzenspapa, auch die Mama; das Tagebuch, das sie mir eingepackt hat, kann ich nicht gebrauchen, ich habe keine Zeit, etwas hineinzuschreiben. Aber ich bedanke mich dafür. Nun leb wohl, mein lieber, süßer, furchtbar netter Papa. Ich küsse dich hunderttausendmal. Bitte, gib auch Bob einen Kuss, und grüße Johann von
deiner
dich unbeschreiblich liebenden Tochter
Ilse

PS: Ich will gern Zeichenunterricht nehmen bei dem Herrn Professor Schneider, ich darf doch? Morgen fange ich an.

PS: Beinah hätte ich vergessen dir zu schreiben, dass du mir doch eine Kiste mit Kuchen und Wurst schickst. Nellie ist immer so hungrig, wenn wir des Abends im Bette liegen, und ich auch.

PS: Lieber Papa, ich kriege immer so viel Schelte, dass ich so ungeschickt esse, schreibe mir doch, ob das nicht sehr unrecht ist. Der Mama sage nichts hiervon. Deine Hand drauf! – Fräulein Güssow habe ich sehr lieb.

Ilses Wünsche wurden natürlich alle erfüllt, und zwar umgehend: Es musste Kuchen gebacken und die schönste Wurst neben einem Stück Schinken aus der Rauchkammer geholt werden. Der Oberamtmann packte selbst die kleine Kiste und legte noch allerhand Leckereien mit hinein.

»Not soll sie wenigstens nicht leiden«, sagte er zu seiner Frau, die ihm lächelnd zusah. »Junge Menschen, die noch wachsen, haben immer Hunger. Wenn der Magen knurrt, muss er sein Teil haben; der beruhigt sich nicht, wenn man zu ihm sagt: ›Warte nur, bis es zwölf schlägt oder Morgen oder Abend ist, dann bekommst du etwas.‹«

Frau Anne hätte gern erwidert, dass es viel besser sei, den Magen an regelmäßige Mahlzeiten zu gewöhnen, als zu jeder Tageszeit zu essen, aber sie schwieg.

Es war an einem Mittwochnachmittag im Monat August. Die erwachsenen Mädchen der Pension saßen im Speisezimmer beisammen, stopfend, flickend oder mit andern Arbeiten dieser Art beschäftigt. Es war sehr heiß und schwül und durch die geöffneten Fenster drang kein erfrischender Luftzug.

Ilse hielt ihren Strickstrumpf in der Hand und quälte sich, Masche auf Masche abzuheben. Es machte ihr Mühe mit den heißen, feuchten Fingern. Die Nadeln saßen so fest in den Maschen, dass sie kaum zu schieben waren, und der graue Strumpf, der eigentlich weiß sein sollte, wurde öfters aus der Hand gelegt. Nun fielen auch noch einige Maschen herunter und Fräulein Güssow forderte Ilse auf, einmal zu versuchen, ob sie dieselben nicht allein wieder aufnehmen könne.

»Ich kann das nicht«, sagte Ilse. »Die Nadeln kleben so, ich mag sie nicht mehr anfassen.«

»Wasche dir die Hände«, rief Fräulein Güssow, »dann wird es besser gehen.«
»Das hilft nicht«, erwiderte Ilse unmutig und legte das Strickzeug vor sich hin.
Die Mädchen lachten und Grete, die ihr gegenübersaß, nahm das Strickzeug in die Hand, um den Fehler zu verbessern.
Ilse nahm es ihr fort. »Lass liegen«, sagte sie, »es ist kein Strumpf.«
In diesem Moment trat Fräulein Raimar in das Zimmer. Sie ging von einer Schülerin zur andern und prüfte deren Arbeiten.
»Nun, wie steht es mit dir, Ilse?«, fragte sie. »Hast du deinen Strumpf halb fertig? Zeige ihn einmal her.«
Ilse tat, als habe sie die Aufforderung nicht verstanden, sie schämte sich ihrer schmutzigen Arbeit.
»Ich will dein Strickzeug sehen, Ilse, hast du mich nicht verstanden?«
Ilse schwieg trotzig. Aufgebracht über diesen Widerstand, nahm Fräulein Raimar ihr den Strumpf unsanft aus der Hand.
»Ich bin es gewohnt, dass meine Schülerinnen mir gehorchen. – Seht einmal, Kinder«, fuhr sie fort und hielt mit spitzen Fingern das Strickzeug in die Höhe, »was sagt ihr zu dieser Arbeit? Sieht sie wohl aus, als ob sie einem erwachsenen Mädchen angehöre? Schäme dich! Niemals wieder will ich ein so unsauberes Strickzeug sehen.«
Aller Augen waren auf dasselbe gerichtet und die vorlaute Grete meinte, dass ihre kleine fünfjährige Schwester daheim weit besser und sauberer stricke. Deren Strumpf sehe im Vergleich zu Ilses wie Schnee aus. Sie dürfe aber auch niemals mit schmutzigen Händen stricken.
Die auf Äußerlichkeiten bedachte Flora verglich das Ding mit einem Kaffeebeutel, ein Vergleich, der Annemie so zum Lachen brachte, dass sie sich nicht wieder beruhigen konnte.

Was in diesem Augenblicke in Ilses Innerem vorging, ist schwer zu beschreiben. Sie sah sich verlacht und verspottet von allen Seiten und durfte sich nicht dagegen verteidigen. Sie geriet in eine so blinde Wut, wie sie sie bis jetzt noch niemals empfunden hatte. Sie ballte die Hände zusammen, biss auf ihre Knöchel und ihre Augen füllten sich mit heißen, trotzigen Tränen.

Fräulein Raimar hatte bereits das Zimmer verlassen, aber die Tür hinter sich offen gelassen. Sie hielt sich noch auf dem Korridor auf. Sie glaubte fest, durch diese öffentliche Beschämung Ilses Widerstand ein für alle Mal geheilt zu haben. Aber gerade das Gegenteil hatte sie hervorgerufen. Ilses wilder Trotz stand in lichterlohen Flammen.

»Neckt sie nicht!«, gebot Fräulein Güssow, die Ilse besser verstand. »Ich will nicht, dass ihr sie auslacht!«

Und Nellie, die Einzige, die dem ganzen Auftritt mitleidig zugesehen, nahm gutmütig den verachteten Strumpf in die Hand, um ihn wieder in Ordnung zu bringen.

»Lass!«, rief Ilse und ihr ganzer Grimm entlud sich auf Nellies unschuldiges Haupt. »Lass! Was kümmern dich meine Sachen!«

»Gib doch her!«, bat diese sanft. »Ich mach dich alles wieder gut!«

Aber Ilse hörte nicht darauf. Sie riss Nellie das unglückselige Strickzeug aus der Hand, und ehe noch diese sie zurückhalten konnte, warf sie es im höchsten Zorne gegen die Wand. Die Nadeln schlugen klirrend aneinander und das Knäuel kollerte weit fort, zur offenen Tür hinaus, bis zu den Füßen der Vorsteherin.

»Was gibt es?«, fragte diese, hastig eintretend. Sie erhielt keine Antwort; aber ihr Blick fiel auf das Strickzeug am Fußboden und sie erriet das Ganze.

»Hast du es absichtlich hierher geworfen?«, fragte sie Ilse und ihre Stimme bebte vor Aufregung. In ihren stets so ruhig blickenden Augen blitzte es unheimlich auf.
»Antworte – ich will es wissen!«
»Ja«, sagte Ilse.
»Komm her und nimm es wieder auf!« Die Heftigkeit der Vorsteherin machte Ilse nur verstockter. Sie rührte sich nicht.
»Hast du verstanden, was ich dir befohlen habe? Ich verlange, dass du mir gehorchst!«
»Nein«, entgegnete Ilse zum Entsetzen der anwesenden Pensionärinnen, »ich tue es nicht!«
Solange sie Vorsteherin des Pensionats war, hatte Fräulein Raimar niemals etwas Ähnliches erlebt. Trotz ihrer stets so maßvollen Ruhe war sie für den Augenblick fassungslos und wusste nicht, was mit Ilse geschehen sollte.
»Geh auf dein Zimmer«, befahl sie kurz, »und bleibe dort! Das andre wird sich finden.«
Ilse erhob sich und ging hinauf. Nachdem sie in ihrem Zimmer angelangt, brach der furchtbare Sturm, den sie mühsam zurückgehalten hatte, los. Sie warf sich auf einen Stuhl und weinte laut. Stürmisch rief sie nach ihrem Papa, dass er komme und sie holen möge – klagte die Mama an, die sie in diese fürchterliche Anstalt gebracht – kurz, fühlte sich verzweifelt und verlassen wie nie im Leben.
Allerhand kindische und unausführbare Gedanken jagten durch ihren Kopf, der zum Zerspringen dröhnte. Zuerst wollte sie davonlaufen – wohin, war ihr gleich, nur fort, damit sie die böse Vorsteherin, die stets eine Abneigung gegen sie gehabt hatte, und die abscheulichen Mädchen, die sie verhöhnt hatten, von denen keine sie lieb hatte, nicht wieder sehen müsste – niemals! Kein Mensch mochte sie leiden, nur der Papa. Oh, wenn sie doch bei ihm wäre!

Sie fing an ihre Sachen aus der Kommode zu räumen und war eben im Begriff, das Mädchen zu beauftragen ihr den Koffer vom Boden herabzuholen, als Nellie und gleich darauf Fräulein Güssow in das Zimmer traten.

Erstaunt blickte Letztere auf die herumliegenden Sachen.

»Nun, Ilse, was soll denn das bedeuten?«, fragte sie.

Anstatt zu antworten, vergrub Ilse das Gesicht in beiden Händen und schluchzte laut.

Fräulein Güssow ließ sie einige Augenblicke gewähren, dann zog sie ihr die Hände vom Gesicht.

»Beruhige dich, Kind«, sprach sie in sanftem Tone, »dann will ich mit dir reden.«

»Ich kann nicht! Ich will fort!«, stieß Ilse leidenschaftlich heraus.

»Du musst dich beherrschen, Herz. Ich glaube gern, dass es dir schwer wird, aber siehst du nicht ein, Ilse, wie unrecht, wie ungezogen du gehandelt hast?«

Diese schüttelte den Kopf. »Sie haben mich alle gereizt«, entgegnete sie schluchzend. »Fräulein Raimar hat mich so furchtbar blamiert – alle haben mich ausgelacht.«

Fräulein Güssow wusste, es wäre besser gewesen, wenn die Vorsteherin ihren berechtigten Tadel in einer anderen Weise ausgesprochen hätte – doch das war nun einmal geschehen und nicht zu ändern.

»Du irrst«, entgegnete sie jedenfalls, »nicht Fräulein Raimar, sondern du selbst hast dich lächerlich gemacht. Denke einmal, wie du dich benommen hast. – Übrigens«, fuhr sie fort, »du darfst nicht so verzweifelt sein. Die Mädchen haben dich alle lieb.«

»Nein, nein«, rief Ilse. »Mich hat niemand lieb! Ich weiß es wohl! Ich bin dumm und ungeschickt und ich will fort – zu meinem Papa!«

»Wenn du so redest, Ilse, dann gehe ich.« Die junge Lehrerin wandte sich der Tür zu. Als sie im Begriffe war, diese zu öffnen, eilte Ilse auf sie zu.
»Bitte bleiben Sie«, bat sie und hielt sie an der Hand fest.
»Von Herzen gern, wenn du mich ruhig anhören willst.«
Sie setzte sich auf einen Stuhl am Fenster und nahm Ilse in den Arm.
»Wie heiß dir ist, du Trotzkopf«, sagte sie und streichelte ihr liebevoll über die erhitzten Wangen. »Nellie, gib Ilse ein Glas Wasser.«
Die Angeredete hatte stumm und still am andern Fenster gelehnt und der Freundin lautes Schluchzen mit heimlichen Tränen begleitet. Jetzt sprang sie hinzu und reichte das Gewünschte.
»Trink einer kühle Schluck, er wird dir ruhig machen«, redete sie Ilse herzlich zu. »Du musst nie wieder sagen, dass wir dir nicht liebten, du böse, böse Ilse! – Nicht mehr weinen darfst du, komm, ich mache deine Gesicht kalt.«
Und sie tauchte einen Schwamm in das Wasser und strich damit über Ilses brennende Augen und Wangen.
»Nun, mein Kind«, fragte Fräulein Güssow, als Ilse sich etwas beruhigt hatte. »Was gedenkst du zu tun?«
»Ich muss heute noch abreisen«, entgegnete diese. »Hier bleiben kann ich nicht.«
»Also möchtest du noch immer mit dem Kopf durch die Wand. Der Gedanke, dass du nachgeben musst, kommt dir gar nicht in den Sinn! Du hast Fräulein Raimar bitter gekränkt, denkst du nicht daran, sie um Verzeihung zu bitten?«
»Nein«, rief Ilse und warf den Kopf zurück. »Fräulein Raimar hat mich beleidigt und furchtbar gekränkt! Noch niemals habe ich jemanden um Verzeihung gebeten – und ich tue es auch jetzt nicht! Nein! Ich kann es nicht!«

»Du willst nicht, aber du musst«, entgegnete Fräulein Güssow, im höchsten Grade erregt. »Gott! Gibt es denn kein Mittel, dich von deinem Starrsinn zu heilen! – Komm, setze dich zu mir«, fuhr sie ruhiger fort. »Ich will dir eine wahre Geschichte von einem trotzigen, widerspenstigen Menschenherzen erzählen, das sein Lebensglück einer kindischen Laune opferte, und wenn du dann noch sagen wirst: ›Ich kann nicht‹, dann gehe hin und folge deinem Dickkopf – ich werde nie wieder den Versuch machen, ihn zu beugen...«

Noch niemals hatte jemand in einem so überzeugenden Tone zu Ilse gesprochen. Willig und gehorsam setzte sie sich der jungen Lehrerin gegenüber und sah erwartungsvoll und gespannt auf sie.

Fräulein Güssow hatte den Kopf auf das Fensterbrett gestützt und blickte gedankenvoll hinaus in den Garten. Ihr blasses Gesicht hatte sich leicht gerötet und um den Mund lag ein schmerzlicher Zug. Es schien fast, als ob ein heftiger Kampf in ihr arbeite, als ob es ihr schwer werde, die ersten Worte zu finden. Plötzlich erhob sie sich.

»Es ist hier so drückend und schwül«, sagte sie und öffnete die Fensterflügel.

Ein erquickender Luftzug strömte ihr entgegen, ein Gewitter war im Anzuge. Laufend fuhr der Wind durch die Wipfel der Bäume, in der Ferne grollte der Donner.

»Wie wohl das tut«, fuhr sie mit einem tiefen Atemzug fort. »Die Hitze lag mir schwer wie Blei auf der Brust. – Wie alt bist du, Ilse?«, unterbrach sie sich plötzlich halb zerstreut.

»Im nächsten Monat werde ich sechzehn Jahre.«

»Sechzehn Jahre!«, wiederholte die Lehrerin. »Dann bist du alt und auch verständig genug, denke ich, die traurige Geschichte meiner Jugendfreundin zu begreifen. Hör zu:

Es war einmal ein junges, fröhliches Menschenkind, das mit seinen sechzehn Jahren die Welt zu erstürmen meinte. Vater und Mutter waren ihm früh gestorben und so kam es, dass die kleine Waise zu der Großmutter gegeben wurde, die sie erzog und von Grund auf verzog. Lucie, so wollen wir das Mädchen nennen, hatte nie gelernt zu gehorchen oder sich zu fügen, sie erkannte nur einen Willen an und das war der eigene. Großmama bestärkte sie hierin durch allzu große Nachsicht.

›Warum soll ich dem Kinde nicht seinen Willen lassen?‹, fragte sie, wenn man sie zuweilen hierauf aufmerksam machte. ›Ist es nicht schlimm genug, dass es keine Eltern hat? Ich kann es nun einmal nicht traurig sehen.‹«

»War Lucie hübsch?«, fragte Nellie, die sich hinter Ilses Stuhl gestellt und den Arm um deren Schulter gelegt hatte.

»Ich glaube wohl«, entgegnete die Angeredete und errötete leicht. »Wenigstens hat man es dem erwachsenen Mädchen oftmals gesagt. Doch das ist Nebensache – hört mich weiter an.

Die Großmutter besaß ein herrliches Landhaus, dessen Park an einen bewaldeten Berghang stieß. Man brauchte nur eine kleine Pforte, die sich am Ausgange des Grundstückes befand, zu durchschreiten und befand sich im schönsten Walde, den ihr euch denken könnt.

Selten kamen Spaziergänger aus dem nahen Städtchen dorthin. Umso öfter benutzte Lucie die kleine Ausgangspforte, durchstreifte den Wald bis an die Spitze des Berges oder, was sie noch häufiger tat, sie lagerte sich an irgendeinem versteckten Platze. So im weichen Moose zu liegen, ein gutes Buch zu lesen und darüber die Welt zu vergessen – das war die höchste Wonne ihres Lebens.

Eines Tages hatte sie wieder ihren Lieblingsplatz am Fuße einer Eiche aufgesucht. Die Luft war heiß und schwül, und doppelt wohltuend empfand sie die Waldeskühle. Sie öffnete das mitgebrachte Buch und las. So vertieft war sie bald in den Inhalt, dass sie der Gegenwart ganz entrückt war.

Eine männliche Stimme schreckte sie plötzlich auf. Ärgerlich über die Störung blickte sie auf und sah in das lächelnde Antlitz eines jungen Mannes, der mit Pinsel und Palette in der Hand vor ihr stand.

›Ein wunderbares Bild!‹, rief er aus. ›Wahrlich, ich hätte Lust, es zu malen. Bleiben Sie in dieser Stellung‹, bat er, als Lucie sich schnell erheben wollte. ›Nur wenige Augenblicke! Aber so böse dürfen Sie nicht aussehen – nein, ich bitte Sie, wieder dasselbe erwartungsvolle Lächeln – bitte!‹

›Was fällt Ihnen ein!‹, rief Lucie aufgebracht und erhob sich mit einem Sprung. ›Wer hat Ihnen erlaubt mich zu beobachten?‹, rief sie zornig.

›Ich nahm mir selbst die Freiheit‹, sagte er, sich verbeugend, ›und bitte dafür um Verzeihung. Ein Zufall brachte mich in Ihre Nähe. Ich war im Begriff, jene Buchengruppe dort zu malen – da erblickte ich Sie, und können Sie mir verdenken, dass ich dem Zauber nicht widerstehen konnte, Sie zu betrachten?‹

Sie gab keine Antwort, ja sie grüßte nicht einmal, als sie eilig davonging. Sie empfand Unwillen und Ärger über den Aufdringlichen und doch – gefiel er ihr.«

»War er ein schön Mann?«, fragte Nellie.

»Ja, er war schön und klug und gut. Von den letzteren Eigenschaften konnte Lucie sich bald überzeugen, denn der Maler machte unter irgendeinem Vorwande einen Besuch in der Großmutter Hause.

Wie er bald der Liebling derselben, wie er nach und nach täglicher Gast bei ihr wurde und wie er endlich der trotzigen Lucie Herz gewann, das kann ich euch nicht erzählen, nur so viel, dass sie eines Tages – es war ihr achtzehnter Geburtstag – seine Braut wurde. Aber obwohl sie den Mann von Herzen liebte, ließ sie keine Gelegenheit aus, ihm zu widersprechen. Vier Wochen vor der geplanten Hochzeit war es«, fuhr Fräulein Güssow fort – es fiel ihr sichtlich schwer weiterzuerzählen –, »da saß am Morgen eines herrlichen Maitages das Brautpaar auf der Veranda vor dem Hause und träumte sich in die Zukunft hinein. Es wurde eine Reise nach der Schweiz und Italien geplant. Den ganzen Sommer wollten sie umherschweifen, und wo es ihnen am schönsten gefiel, dort wollten sie für den Winter ihr Nest bauen.

Der Himmel wölbte sich hoch und blau über ihnen, die Frühlingssonne lachte sie freundlich an, ringsum blühte, duftete und zwitscherte es.

Lucie machte Pläne und malte sich aus, wie sie leben und wie sie sich einrichten wollten.

Er hatte ihrem Geplauder lächelnd gelauscht, ohne sie zu unterbrechen. Da kam er auf die unglückliche Idee zu fragen: ›Wie würdest du es ertragen, Lucie, wenn wir uns ganz einfach einrichten müssten, wenn wir nicht reisen könnten, wenn wir wenig Mittel hätten, mit einem Worte, wenn die Not an uns herantreten würde?‹

›Die Not?‹, fragte sie erstaunt und sah ihn beinahe entsetzt an. ›Das wäre furchtbar.‹

›Du gibst mir keine Antwort auf meine Frage, liebes Herz. Ich meine, ob deine Liebe zu mir so stark sein würde, dass du ohne Klage auch ein armseliges Los mit mir teilen würdest?‹

Es verdross sie, dass Curt, so hieß der Maler, durch unnütze Fragen einen Missklang in ihre frohe Stimmung brachte.

›Lass doch den Unsinn!‹, wehrte sie ab. ›Wir werden nie in eine solche Lage kommen. Ich bin reich und deine Bilder werden hoch bezahlt.‹

›Man kann nicht wissen, was in den Sternen für uns geschrieben steht‹, entgegnete er ernst. ›Du könntest zum Beispiel dein Vermögen verlieren und ich – nun, wenn ich krank würde und nicht malen könnte?‹

›Warum quälst du mich mit allerhand dummen Möglichkeiten, Curt‹, sagte sie ungeduldig. ›Ich antworte dir nicht auf solche Fragen.‹ Als er aber auf einer Antwort bestand, rief sie entrüstet: ›Armselige Verhältnisse würden mich unglücklich machen – ja, unglücklich machen! Lieber würde ich gar nicht heiraten!‹

Er wurde blass bei ihren Worten, aber noch wollte er nicht glauben, dass sie ernst gemeint waren. ›Hast du mich lieb, Lucie?‹, fragte er sie.

›Ja, aber in einer Hütte bei Salz und Brot mag ich nicht mit dir wohnen!‹

›Kein *Aber*, Lucie. Hast du mich lieb? Sage ja und nimm zurück, was du gesagt hast.‹

›Nein!‹, rief sie entschieden und sprang von ihrem Platz auf. ›Nichts nehme ich zurück! Was ich gesagt habe, ist meine wahre Meinung!‹

›Nein, nein! Ich kann's, ich will's nicht glauben! – Komm her, sieh mich an. Deine Augen sollen mir die Antwort geben, ich weiß, dass sie nicht lügen können. – Du liebst mich? Ja? Nicht wahr, du hast mich lieb?‹, wiederholte er noch einmal dringend. ›Und du nimmst zurück, was du gesagt hast?‹

›Niemals‹, rief Lucie aufgebracht, ›und ich wiederhole noch einmal: Lieber heirate ich gar nicht, als dass ich Not und Mangel leide!‹«

»O wie hart ist sie!«, warf Nellie ein, als Fräulein Güssow wie erschöpft einen Augenblick innehielt.

»Sie war nicht hart, nur verblendet«, fuhr sie fort. »Niemals hatte sie gelernt nachzugeben.

›Ist das dein letztes Wort, Lucie?‹ – Wie ein Aufschrei kam es über seine Lippen. Sie blieb ungerührt, wandte sich von ihm ab und eilte aus dem Zimmer.

Es kochte und tobte in ihr und verworrene Gedanken durchzuckten ihr Hirn. War es recht, wie sie gehandelt hatte? ›Ja‹, antwortete sie sich darauf, ›ich bin im Recht. Warum schreckt er mich mit den Gespenstern Sorge und Not, warum peinigt er mich damit? Ich will in eine glückliche Zukunft sehen und er will mir das Herz schwer machen mit Unmöglichkeiten. Und welch eine wichtige Sache er daraus macht! Ich soll zurücknehmen, was ich gesagt habe! Solch ein Verlangen! Abbitte soll ich leisten – Abbitte! Und er hat mich doch erst herausgefordert. Er ist an allem schuld.‹

Aus einem Winkel ihres Herzens meldete sich auch eine Stimme, die ihr zurief: ›Gib nach! Reich ihm die Hand oder du hast ihn verloren!‹ Sie wurde nicht beachtet, und als eine Stunde vergangen war, hatte sie sich so völlig in den Gedanken an ihre Schuldlosigkeit eingelebt, dass sie erwartete, Curt müsse kommen und sie um Verzeihung bitten.

Er kam auch und begehrte Einlass. ›Öffne mir, Lucie‹, rief er stürmisch. ›Unser Glück hängt davon ab! Ich muss dich sprechen! Ich will dich sprechen!‹

›Ich will nicht mit dir reden!‹, rief sie zurück. ›Ich wüsste auch nicht, was du mir noch sagen könntest!‹

›Dann muss ich gehen, Lucie!‹, rief er außer sich. ›Und ich komme nicht eher zurück, bis du mich zurückrufst. Lebe wohl!‹

Es waren die letzten Worte, die sie von ihm gehört hat.

Nach einer durchwachten Nacht brach der nächste Tag an. Der trotzige Aufruhr in Lucies Innerem hatte sich gelegt und einer unzufriedenen Stimmung Raum gemacht. Nachzugeben fühlte sie sich auch heute nicht geneigt, aber sie wollte ihn heute

anhören, wenn er kam – und dass er kommen werde, darauf hoffte sie fest.
Aber er kam nicht. Drei Tage später brachte Curts Diener ihr einen Brief. Sie eilte auf ihr Zimmer, um ihn allein und ungestört zu lesen. Es war doch endlich – endlich ein Zeichen von ihm!
Hastig öffnete sie und in zwei Teile gebrochen fiel ihr Curts Verlobungsring entgegen. Wenige Zeilen nur schrieb er dazu. Ich will versuchen euch dieselben zu wiederholen«, unterbrach sich Fräulein Güssow, »Lucie hat sie mir oftmals zu lesen gegeben.

Du hast mich nicht zurückgerufen, so sehnsüchtig ich auch darauf gehofft habe. Lebe wohl denn, ich muss von dir scheiden, Lucie, weil ich dir nicht versprechen kann dir stets Wohlstand und Glück zu bieten.
Mit welchem Rechte könnte ich vom Schicksal verlangen, dass mein Leben nur von der Sonne beschienen werde? Leb wohl – ich habe dich sehr geliebt.

Wie gebrochen sank sie zur Erde nieder und hätte vor Schmerz vergehen mögen. Das hatte sie nicht gedacht – so weit hatte sie es nicht treiben wollen. – Nun war es zu spät, alle Reue, alle Selbstanklage brachte ihr den Geliebten nicht zurück.«
»Oh, die arm Lucie! Der schlechter Mensch, warum konnt er ihr verlassen!«, rief Nellie unter Weinen. »Er hat ihr gar nix lieb gehabt.«
»Er hat sie sehr geliebt«, entgegnete die Lehrerin und sah hinaus auf den strömenden Regen.
»Und wo ist Lucie geblieben?«
»Lucie?«, wiederholte Fräulein Güssow zögernd. »Ein trauriges Schicksal hat sie getroffen. Ein Jahr nach dem Geschehenen

verlor die Großmutter fast ihr ganzes Vermögen. Die Villa musste verkauft werden und Lucie, das verwöhnte und verzogene Mädchen, war gezwungen in Zukunft ihr eigenes Brot zu verdienen.«

Ilse sah die Lehrerin entsetzt an. »Ja, ihr Brot zu verdienen«, betonte diese. »Aber es wurde ihr nicht so schwer, wie sie erstmals geglaubt. Sie bereitete sich vor, Gouvernante zu werden, und als sie ihr Examen bestanden hatte, ging sie, nachdem sie die Großmama durch den Tod verloren hatte, nach London. Sie wirkt dort als Lehrerin in einem Institute.«

»Und der Maler? Hat die arm Lucie nie gehört davon?«

»Seine Werke hat sie oft in den Galerien bewundert – er selbst blieb verschollen.«

»O wie ein furchtbar trauriges Geschicht ist das!«, rief Nellie. »Es tut mich sehr weh.«

Und Ilse? Sie saß da, die Hände gefaltet, mit gesenktem Blick. Sie war bis ins Innerste getroffen. Noch schwankte sie einen Augenblick, wie im Kampf mit sich selber, dann aber erhob sie sich schnell und ergriff Fräulein Güssows Hand.

»Ich will um Verzeihung bitten«, sagte sie in leisem Ton. Es war, als ob sie sich scheute ihre eigenen Worte zu hören.

Über das Gesicht der Lehrerin glitt ein frohes Lächeln. Sie nahm das Mädchen gerührt in den Arm und küsste sie zärtlich.

Zögernd und beklommen stieg Ilse die Treppe hinunter. Vor dem Zimmer der Vorsteherin blieb sie stehen. Sie konnte sich nicht entschließen die Tür zu öffnen. Zweimal hatte sie schon die Hand nach der Klinke ausgestreckt und wieder zurückgezogen, da hörte sie Fräulein Güssow die Treppe herabkommen.

Sollte diese sie unverrichteter Sache hier finden? Mit einem tiefen Atemzuge öffnete sie die Tür.

Die Vorsteherin saß an ihrem Schreibtische; als sie Ilse eintreten sah, erhob sie sich.
Ilses Herz klopfte zum Zerspringen. Als sie das strenge, zürnende Auge Fräulein Raimars auf sich gerichtet sah, verließ sie der Mut. Sie versuchte zu sprechen, die Kehle erschien ihr wie zugeschnürt. Es waren Folterqualen, die sie ausstand, und hätte der Boden unter ihren Füßen sich plötzlich geöffnet und sie verschwinden lassen, so hätte sie es für eine Wohltat des Himmels angesehen. Aber diese Wohltat blieb aus und Ilse stand noch immer wortlos vor der Vorsteherin.
»Nun, Ilse?«, unterbrach Fräulein Raimar das minutenlange Schweigen. »Was ist dein Begehren?«
Ilse machte eine vergebliche Anstrengung zu sprechen und brach in krampfhaftes Schluchzen aus. Stockend und beinahe unverständlich kam es von ihren Lippen: »Ver-zei-hung!«
Fräulein Raimar war sehr aufgebracht über Ilses Betragen gewesen und sie hatte die Absicht gehabt, ihr eine harte Lektion zu erteilen. Als sie diese indes so zerknirscht und voller Reue vor sich stehen sah, wurde sie milder gestimmt.
»Für diesmal«, sagte sie, »will ich dir vergeben. Ich sehe, dass du dich selbst mit Vorwürfen strafst und dass du zur vollen Erkenntnis deines Ungehorsams gekommen bist. Bessre dich! Beträgst du dich ein zweites Mal in ähnlicher Weise, würde ich die strengsten Maßregeln ergreifen, das heißt: Ich würde dich zu deinen Eltern zurückschicken! – Ich hoffe, du vergisst dich niemals wieder, versprich mir das!«
Zögernd und noch immer schluchzend, ergriff Ilse die Hand des Fräuleins. »Nie – wieder!«, stammelte sie.
Fräulein Raimar war von der Wahrheit ihres Versprechens überzeugt und hatte beinahe Mitleid mit der Reumütigen. »Nun geh und beruhige dich«, sagte sie in mildem Tone, »ich will die Sache vergessen.«

Als Ilse die Treppe zu ihrem Zimmer wieder hinaufstieg, fühlte sie sich froh und leicht wie nie im Leben.

Der Juli und August waren vorüber und man befand sich in den ersten Tagen des Septembers. Ilse hatte sich mehr und mehr in das Pensionsleben eingelebt und fühlte sich längst nicht mehr als Fremde. An vieles, was ihr anfangs unmöglich erschien, hatte sie sich gewöhnt, ja gewöhnen müssen. Das frühe Aufstehen, das regelmäßige Arbeiten, die Ordnung und Pünktlichkeit, die streng eingehalten wurden – schwer genug hatte sie sich in all diese Dinge dreingefunden, und wer weiß, ob sie es überhaupt je getan hätte, wenn Nellie ihr nicht wie ein guter Geist zur Seite gestanden hätte. Mit ihrer fröhlichen Laune half sie der Freundin über manche Schwierigkeit hinweg.

Über Ilses Fortschritte und Fähigkeiten herrschten unter ihren Lehrern und Lehrerinnen sehr verschiedene Ansichten. Dies trat in der letzten Konferenz des Schuljahres recht deutlich zu Tage. Der Rechenlehrer und der Lehrer der Naturgeschichte behaupteten, dass Ilse ohne jede Begabung sei, dass sie weder Gedächtnis noch Lust am Lernen besitze. Andere waren vom Gegenteil überzeugt. Fräulein Güssow, die sie in Literatur, und Doktor Althoff, der Deutsch, Geschichte und französische Literatur unterrichtete, waren in jeder Beziehung mit Ilses

Kenntnissen und ihren Fortschritten zufrieden. Professor Schneider lobte ganz besonders ihren Fleiß und ihre Ausdauer, die sie bei ihm entwickle, und erklärte mit aller Entschiedenheit, wenn Ilse so fortfahre, würde sie es mit ihrem Talente weit bringen. Sie habe in den acht Wochen, in denen sie seine Schülerin sei, so große Fortschritte im Zeichnen gemacht wie keine andre zuvor.

Über dieses Lob geriet Monsieur Michael in Entzücken. Ja, seine Freude ging so weit, dass er ausrief: »Bravo, Monsieur Schneider! So spreche auch ich, sie ist eine hoch begabte, eine entzückende junge Mademoiselle.«

Fräulein Raimar lächelte und erkundigte sich nach Ilses Betragen.

Da kam denn leider manches bedenkliche Kopfschütteln an den Tag. Von einigen wurde besonders gerügt, dass sie bei dem geringsten Tadel eine trotzige Miene mache, dass sie sogar mehrmals gewagt habe zu widersprechen.

»Leider, leider ist dem so«, bestätigte die Vorsteherin, »und ich glaube fast nicht, dass wir sie ändern können.«

»Ja«, fiel Miss Lead lebhaft ein. »Ich finde, Ilse ist nicht nur verzogen, sie ist – wie soll ich sagen – sehr bäurisch, sehr brutal, sie passt nicht in unsere Pension.«

Doktor Althoff warf der Engländerin einen ironisch lächelnden Blick zu. »Ich glaube, Sie irren, meine Damen«, wandte er ein. »In unsrer kleinen Ilse steckt ein guter Kern. Lassen Sie nur erst die etwas raue Schale sich von demselben abgestoßen haben und Sie werden sehen, in welch ein liebenswürdiges, natürliches Wesen sich die bäurische, ›brutale Ilse‹«, er betonte die letzten Worte absichtlich stark, »verwandeln wird.«

Miss Lead zuckte die Achseln und machte eine abweisende Miene. Fräulein Güssow dagegen sah Doktor Althoff dankbar an.

»Da bin ich Ihrer Meinung, Herr Doktor!«, stimmte sie bei. »Wir müssen Geduld haben. Das Kind ist jahrelang mit viel zu großer Nachsicht erzogen worden. Das legt sich nicht in wenigen Wochen. Mir scheint, dass wir schon viel erreicht haben, wenn wir daran denken, wie Ilse jetzt gewissenhaft und sogar in manchen Fächern vortrefflich ihre Aufgaben anfertigt.«

In der Tat war es Ilse anfangs gleichgültig gewesen, ob man sie in die Prima oder Sekunda steckte. Als sie aber bemerkte, dass alle ihre Mitschülerinnen jünger waren als sie, da erwachten der Ehrgeiz und zugleich ein Eifer in ihr, der sie antrieb das Versäumte nachzuholen, zu lernen und zu arbeiten, damit sie bald in die Prima komme.

Ihre Aufsätze besserten sich mit jedem Mal. Auch nahm sie sich sehr zusammen, keine orthographischen Schnitzer mehr zu machen. Sie hatte großen Respekt vor Doktor Althoff, der stets mit einem leichten Spott dergleichen Fehler zu rügen wusste.

Ihr letzter Aufsatz war der beste in der Klasse gewesen. »Ein Spaziergang durch den Wald« hieß das Thema und sie hatte ihre Aufgabe in anmutiger und lebendiger Weise gelöst. Sie wurde dafür gelobt und Doktor Althoff las ihren Aufsatz der Klasse vor, was stets als eine besondere Auszeichnung galt. Mitten im Lesen unterbrach er sich lachend.

»Da ist Ihnen ein ganz großer Irrtum passiert, Ilse«, sagte er, »denn ich kann mir kaum denken, dass Sie wirklich dachten, was Sie hier niederschrieben.«

Und er trat zu ihr und zeigte ihr die verhängnisvolle Stelle, die also lautete: »Ich war eine gans tüchtige Strecke allein gegangen.«

Ilse errötete, nahm schnell eine Feder und machte aus dem s ein z.

»Ein andres Mal sehen Sie sich besser vor. Solche Verwechslungen können höchst komisch wirken. Auch mit den Kommas,

Punkten und so weiter rate ich Ihnen weniger verschwenderisch umzugehen. Oder haben Sie die Absicht, es wie jene junge Dame zu machen, die, sobald sie eine Seite zu Ende geschrieben hatte, ganz willkürlich die Zeichen hineinsetzte? Etwa zehn Kommas, sieben Ausrufungszeichen, fünf Fragezeichen und neun Punkte – je nachdem, wie sie gerade Lust hatte, manchmal mehr, manchmal weniger.«

Die Mädchen lachten und Ilse lachte mit. Mit dem liebenswürdigen Humor, in den er einen ernsten Tadel oftmals kleidete, richtete dieser Lehrer weit mehr aus als mancher andere, der in der Aufregung sich zu zornigen Worten hinreißen ließ. Alle Schülerinnen schwärmten für ihn.

»Er ist furchtbar reizend!«, beteuerte Melanie und schlug den Blick sehnsüchtig gen Himmel. »Das bezaubernde Lächeln um seinen Mund, das blitzende, geistvolle Auge, das schmale, vornehme Gesicht, das dunkle, lockige Haar! Wirklich furchtbar nett!« Die neugierige Grete hatte sogar entdeckt, dass ihre Schwester in einem Medaillon, welches sie an der Uhr befestigt trug, ein Stückchen Papier mit seinem Namen verborgen hatte. Es war eine Unterschrift von seiner Hand, die sie unter einem früheren Aufsatze fortgeschnitten hatte.

Flora Hopfstange besang den Gegenstand ihrer Verehrung in ihren überschwänglichsten Gedichten und er war auch der Held ihrer sämtlichen Novellen und Romane. Wie zufällig verlor sie zuweilen eines ihrer schwärmerischen Gedichte in der Literaturstunde – dies indessen vergeblich. Doktor Althoff hatte noch niemals eine ihrer kostbaren Dichterblüten gefunden.

Selbst Orla teilte diese allgemeine Schwäche für den Lehrer. Einmal nämlich trug Doktor Althoff eine Nelke in der Hand, als er die Klasse betrat, und ließ diese auf dem Katheder liegen. Kaum hatte er das Zimmer verlassen, da stürzten sämtliche

Schülerinnen wie Raubvögel auf die rote Blume zu, um sie für sich zu gewinnen. Orla eroberte sie glücklich. Ihre Siegestrophäe hielt sie hoch in der Luft und eilte damit auf ihr Zimmer. Vom Juwelier ließ sie sich ein goldenes Medaillon mit einer russischen Inschrift darauf anfertigen. Grete hatte das bald genug herausgefunden, aber leider stand sie vor einem unlösbaren Rätsel, denn Orla würde ihr nimmermehr anvertraut haben, dass die beiden Worte ins Deutsche übertragen hießen: »Vom Angebeteten.« – In diese kostbare, goldene Hülle legte sie die Nelke und trug sie immer.

Nellie trieb es am ärgsten. Eines Abends, als sie mit Ilse allein auf ihrem Zimmer war, nahm sie ein Federmesser und ritzte damit den Anfangsbuchstaben seines Vornamens in ihren Oberarm.

»Aber Nellie!«, rief Ilse. »Warum machst du denn den Unsinn? Wenn Herr Doktor Althoff all eure Dummheiten erfährt, müsst ihr euch doch schämen.«

»Schweig!«, gebot Nellie scherzhaft. »Du bist noch ein klein grüner Schnabel. Du verstehst nix von heimliche Anbetung. Komm erst in der Jahre und lerne ihr begreifen. Dein Herz lauft noch in der Kinderschuhe.«

Ilse wollte sich totlachen. »Ach Nellie!«, rief sie fröhlich. »Du sprichst so weise wie eine alte Großmama und bist doch nur zwei Jahre älter als ich.«

Nellie war aber keineswegs wie eine Großmama. Oft sogar konnte sie recht kindlich denken und handeln, wenn es darauf ankam, irgendetwas für ihren Schnabel zu gewinnen.

Eines Sonntags, es war gegen Abend, stand sie am offenen Fenster in ihrem Zimmer und blickte sehnsüchtig auf den Apfelbaum, dessen Früchte sie goldgelb und rotwangig höchst verlockend anlachten.

»Die schöne Äpfel!«, rief sie aus. »Oh, hätte ich doch gleich

einer davon! Er ist reif, Ilse, ich weiß, ich kenne dieser Baum genau. Ich habe jetzt so groß Lust, Apfel zu speisen, und darf ihn doch nur ansehen! Sehen – und nicht essen – es ist hart!«
Ilse, die nach Nellies Muster und Angabe einen grauen Wäschebeutel mit roten Arabesken benähte, legte die Arbeit beiseite und trat zu der Freundin.
»Ja, die sind reif«, sagte sie und betrachtete mit Kennermiene die Äpfel. »Wir haben dieselbe Sorte daheim. Wenn ich doch gleich in Moosdorf wäre, dann stieg ich in den Baum und holte welche herunter, aber hier . . . ach!«
Nellie horchte auf und blickte Ilse an, die mit wehmütigem Verlangen hinauf in den Baum sah. Plötzlich kam ihr ein guter Gedanke.
»Du bist in der Baum gestiegen?«, fragte sie. »Oh, Ilse, ich habe ein furchtbar nette Idee! – Du steigst in der Baum und holst uns von der Äpfel!«
Die letzten Worte sprach sie flüsternd, damit ja kein unberechtigtes Ohr etwas erlauschte.
Ilses braune Augen leuchteten auf. »Wie gern würde ich das tun! Aber ich darf ja nicht! Denk nur, Nellie, wenn Fräulein Raimar oder irgendjemand anderes mich sehen würde!«
»Lass mich nur machen«, meinte Nellie. »Heut Abend, wenn Fräulein Raimar und alles andre auf seines Ohr liegt, dann erheben wir uns wieder von unsrem Lager und die mutige Ilse wird wie eine Katz leise aus die Fenster steigen und in der Baum klettern. Der lieber Mond steckt sein Latern dazu an und leuchtet sie, dass sie die besten und großesten Apfel finden kann. Und ich geb Acht, dass nix kommt – ich werde eine gute Spion sein.«
Ilse strahlte vor Wonne. Der Gedanke war zu verlockend. Sie stand am Fenster und warf prüfende Blicke in den Baum. »Siehst du, auf diesen Zweig steige ich zuerst«, sagte sie ganz

erregt, »und dann auf den dort – es hängen drei herrliche Äpfel daran, die pflücke ich zuerst und werfe sie dir zu. Dann geht es höher hinauf bis an Melanies und Orlas Stubenfenster – sie lassen es immer offen stehen des Nachts –, dann stecke ich den Kopf hinein und rufe: ›Gute Nacht!‹«
»Ilse!«, rief Nellie entsetzt. »Du darfst der Unsinn nicht tun! Gib dein Hand darauf!«
»Es war nur ein Scherz«, entgegnete Ilse. »Sei ohne Sorge, Nellie!«
Während des Abendessens war Ilse ganz besonders lustig und aufgeregt.
»Du siehst so unternehmungslustig und fröhlich aus«, bemerkte Fräulein Güssow.
Ilse wurde rot und fühlte sich wie ertappt. Ein Glück für sie, dass die Lehrerin die Bemerkung ganz arglos gemacht hatte und gar nicht weiter auf sie achtete!

Endlich war alles still im Hause. Die Runde durch sämtliche Schlafgemächer war gemacht und Fräulein Güssow war bereits in ihr Zimmer zurückgekehrt.
Nellie saß in ihrem Bett und lauschte, dann erhob sie sich, glitt wie ein Geist durch das Zimmer und lehnte sich weit zum Fenster hinaus.
»Was machst du?«, fragte Ilse.
»Ich will sehen, ob Fräulein Güssow noch Licht in sein Schlafstube hat«, flüsterte sie. »Noch ist hell unten – immer noch . . .«
»Soll ich aufstehen?«, fragte Ilse.
»Nein, du sollst dir ganz ruhig halten und nicht so laut sprechen. Sie hat immer noch hell. Wie langweilig! Was sie nur anfangt! Warum geht sie nicht in ihr Bett und macht die Auge zu.«

Sie beugte sich weit zum Fenster hinaus und sah unverwandt auf die seitwärts liegenden, noch immer erleuchteten Fenster. Im Flüstertone rief sie Ilse ihre Bemerkungen zu. Plötzlich fuhr sie schnell mit dem Kopfe zurück und legte den Finger auf den Mund.

»Sei ganz still, Ilse, rühr dich nicht«, sagte sie dann, sich auf den Zehen zu derselben heranschleichend, »sie hat eben der Kopf zum Fenster ausgesteckt und sieht in der Mond. Beinah hat sie mich erblickt.«

Nach einem kleinen Weilchen hörte sie das Fenster schließen, und als Nellie vorsichtig hinunterblickte, war das Licht gelöscht.

»Jetzt ist die große Augenblick gekommen«, wandte sie sich in pathetischem Tone an Ilse und streckte die Hand aus, »erheben Sie sich, mein Fräulein, und gehen Sie an das großes Werk!«

Ilse war so aufgeregt bei dem Gedanken an das nächtliche Abenteuer, dass sie gar nicht bemerkte, wie urkomisch Nellie aussah, als sie in ihrem langen Nachtgewande, den Arm weit ausgestreckt, so vor ihr stand. Eilig erhob sie sich und begann sich anzukleiden. Das war bald geschehen, da das Blusenkleid und alles, was sie sonst noch nötig hatte, schon bereitlagen.

Gegen die Stiefel erhob Nellie Einsprache. »Sie sind zu unschicklich, zu plump, du machst eine so laute Schritt, dass alles aufwacht.«

Ilse hörte nicht darauf. Sie schlich auf den Zehen zum Fenster hin.

»Gib mir das Körbchen«, bat sie. Nellie hing es ihr um den Hals, damit sie den Arm frei behielt.

»So, nun bist du reisefertig, mach dein Sache brav, mein Kind«, sagte sie und küsste Ilse auf die Wange.

Die hörte nichts. Mit leichtem Sprunge schwang sie sich auf das Fensterbrett und von dort stieg sie in den Baum. Sie kletterte leicht und gewandt wie ein Eichkätzchen trotz ihrer schweren Stiefel. Als sie die drei Äpfel erreichen konnte, brach sie diese ab und warf sie Nellie zu.

»Da hast du eine Probe!«, rief sie übermütig in halblautem Tone. »Damit dir die Zeit nicht lang werde, bis ich wiederkomme!«

Die Früchte kollerten zu Nellies Entsetzen bis an das Ende des Zimmers.

»Oh, was tust du!«, flüsterte sie und hob drohend die Finger. »Die Köchin schläft unter dieser Zimmer, soll sie von der Spektakel aufwachen?«

»Bärbchen schläft fest, ich höre sie draußen schnarchen«, gab Ilse zurück. »Wir können ganz ohne Sorge sein – alles schläft – alles ist still und dunkel. Ach, es ist köstlich hier!«

Plötzlich bekam es Nellie mit der Angst zu tun. »Ich zittere für dir«, sprach sie mit zitternden Lippen. »Komm wieder her – es könnte ein Unglück sein.«

Ilse lachte und stieg keck höher und höher. Sie war so recht in ihrem Element. Bald hatte sie die Spitze erreicht. Der Mond schien voll und klar. Als sie auf gleicher Höhe mit dem Schlafzimmer Orlas und der Schwestern war, konnte sie der Versuchung nicht widerstehen, einen Blick in das Fenster zu tun. Vorsichtig und behände balancierte sie auf dem Ast, der sie trug und dessen grüne Spitzen beinahe das eine Fenster berührten, und sah hinein.

Ruhig, nichts ahnend lagen die Schläferinnen da, hell vom Mondlicht beschienen.

Plötzlich regte sich der Übermut in ihr. Ob sie den Mädchen einen Schabernack spielen sollte? »Nur einmal gegen die Fensterscheibe klopfen«, dachte sie und schon streckte sie den

Finger aus – da bewegte sich Orla im Schlaf. Unwillkürlich fuhr Ilse zurück und ihre Idee blieb unausgeführt.

Es hingen so viel schöne Äpfel rechts und links und überall, dass sie in wenigen Augenblicken mit wenig Mühe ihr Körbchen damit hätte füllen können, aber dazu hatte sie keine Lust. Die Krone des Baumes war ihr Ziel: Dies war wohl ein gefährliches und beschwerliches Unternehmen, aber sie hatte daheim ganz andere tollkühne Kletterpartien ausgeführt und jede Furcht vor Gefahr verlernt.

Mutig ging es vorwärts. Die lauschende Nellie vernahm dann und wann ein Knacken der Äste oder das Herabfallen eines Apfels. Einmal schrak sie heftig zusammen: Ein Vogel flog auf. Ilse mochte ihn in seiner Nachtruhe gestört haben. Allmählich wurde sie recht ängstlich auf ihrem Lauschposten. Es erschien ihr eine Ewigkeit, dass Ilse sie verlassen hatte.

»Ilse!«, rief sie leise. Die hörte nicht, denn sie stand oben in der Krone und sog die erfrischende Nachtluft mit vollen Zügen ein. Wie fühlte sie sich glücklich, wie frei, wie heimatlich wurde es ihr zu Mute. Keine Fesseln drückten sie mehr, Schulzwang, Pension, Vorsteherin – alles entschwand ihr wie in nebelweite Ferne. Der Garten da unten gehörte dem Papa, der Baum, auf dem sie war, stand vor seinem Fenster, es war der alte Nussbaum, in dessen grünem Laubwerk sie so manchmal neckend Versteck gespielt hatte mit dem Papa, wenn er sie überall suchte, von dessen oberster Spitze sie dann plötzlich mit einem fröhlichen »Juchhe!« ihm antwortete.

»Juchhe!« Ganz in der Erinnerung lebend, brach es plötzlich so laut und kräftig aus ihrer Kehle hervor, dass es weithin durch den Garten schallte.

Im selben Augenblicke erwachte sie aus ihrem Traume und ganz erschrocken schlug sie die Hand vor den Mund. Was hatte sie getan! Aber für die Reue war es jetzt zu spät. Vor allem

musste sie an den schnellsten Rückzug denken, denn wie sie vermutet hatte, war ihr unüberlegter Ruf im Haus vernommen worden.
Melanie war davon erwacht und richtete sich entsetzt im Bette auf.
»Grete!«, rief sie mit bebenden Lippen. »Hast du gehört?«
»Ja«, tönte es gedämpft zurück. »Melanie, ich fürchte mich zu Tode!« Sie hatte sich die Decke über den Kopf gezogen und erwartete zitternd ihr Schicksal.
Auch Orla war erwacht. »Was war das?«, fragte sie. »Wo kam der laute Schrei her? Mir war, als sei er dicht vor meinem Bette ausgestoßen worden.«
»Allmächtiger Gott!«, schrie Melanie auf. »Siehst du nichts? Oh, ich habe etwas furchtbar Schreckliches gesehen! Ebendort! Dicht am Fenster flog es vorüber! Ein Gespenst war es, mit fliegenden Haaren und großen, glühenden Augen! Huh, wie es mich ansah, als ob es mich verschlingen wollte!«
Sie klapperte mit den Zähnen vor Furcht und Schrecken, und Orla, die nichts gesehen, sondern nur ein lautes Brechen und Knacken im Baume vernommen hatte, sprang mutig aus ihrem Bette, schlug ihre Steppdecke über die Schultern und sah zum Fenster hinaus.
Gerade hatte Ilse ihre tolle Fahrt bis zu ihrem Zimmerfenster beendet und Nellie streckte ihr beide Arme hilfreich entgegen. Sie war leichenblass und außer sich über Ilses Tollkühnheit.
»Was hast du gemacht?«, flüsterte sie. »Du hast uns verraten! – Hast du gehört? Über uns sind sie aufgeweckt! – Orla spricht... Wir sind verloren!«
Eilig nahm sie der am ganzen Körper zitternden Ilse, deren Hände blutig geritzt waren, das Körbchen ab, warf die wenigen Äpfel, die nicht herausgefallen waren, in ihr Bett, das Körbchen hinter den Schrank und legte sich nieder.

Ilse hatte ein Gleiches getan. Ohne sich zu entkleiden, mit Stiefeln und Blusenkleid, sprang sie in ihr Bett und deckte sich bis ans Kinn zu. Sie schloss die Augen und erwartete in Todesangst das furchtbare Strafgericht.
Im trügerischen Mondlicht hatte Orla nicht genau erkennen können, was eigentlich vorging. Sie sah wohl eine Gestalt, sah ein paar weiße Arme, die ihr fabelhaft lang erschienen, aber nur einen flüchtigen Moment, dann war die ganze Erscheinung lautlos und still wie im Nebel verschwunden.
Sie lauschte noch einige Augenblicke atemlos, aber der Spuk war vorbei – nichts rührte sich. Trotz ihres Mutes wurde es ihr unheimlich zu Mute. Sie zog den Kopf zurück.
»Nun?«, fragte Melanie. »Hast du etwas gesehen?«
»Ja«, entgegnete Orla. »Ich habe deutlich eine Gestalt gesehen und ich könnte schwören, dass sie von zwei langen, weißen Armen in Nellies Zimmer gezogen wurde.«
»Liebe, liebe Orla!«, bat Melanie kläglich und mit ringenden Händen. »Wecke die Leute! Wenn das Gespenst noch einmal erscheint, sterbe ich vor Angst!«
Orla ergriff die Klingelschnur, die sich dicht neben ihrem Bette befand, und läutete.
Laut und schrill, wie eine Sturmglocke, tönte es durch die Stille der Nacht. Nellie und Ilse zitterten, als ob sie ihr Sterbeglöcklein hörten.
Wie mit einem Zauberschlage wurde es lebendig im Hause. Türen wurden geöffnet, Stimmen laut.
Die Vorsteherin, im Negligee, ein Licht in der Hand, trat zuerst aus ihrem Zimmer. Fast gleichzeitig erschien Fräulein Güssow. Als beide den Korridor passierten, schoss Miss Lead aus ihrer Zimmertür. Ängstlich fragend blickte sie die Damen an.
Sie war nicht gerade eine Heldin, die gute Miss. Der Glockenschall war ihr in alle Glieder gefahren. Zitternd war sie aus

dem Bette gesprungen und hatte nach ihren Kleidungsstücken gesucht.

Im Dunkeln tappte sie vergeblich danach. Sie hatte Licht anzünden wollen, aber die Schachtel mit Streichhölzern war ihr in der Aufregung entfallen. In nervöser Hast ergriff sie eine Wolldecke und drapierte sie wie einen Mantel um ihre Gestalt. Ihr spärliches Haar, das sie jeden Abend eine gute Viertelstunde kämmte und bürstete, hing auf ihre Schultern herab.

Sie machte einen höchst komischen Eindruck in diesem abenteuerlichen Kostüm. Die Vorsteherin riet ihr, sie möge sich wieder niederlegen, aber Miss Lead wehrte dieses Ansinnen lebhaft ab.

»Nein, nein!« Und sie hing sich an Fräulein Güssows Arm so fest, als ob sie bei ihr Schutz und Beistand suche.

Auch mehrere Pensionärinnen waren von dem ungewohnten Lärm erwacht und aufgestanden. Voller Angst stürzten sie aus ihren Zimmern und folgten den Lehrerinnen dicht auf dem Fuße. Flora hatte sogar einen Rockzipfel der Vorsteherin erfasst.

Orla hörte Stimmen auf der Treppe und öffnete die Tür.

»Ist dir oder den Schwestern etwas passiert?«, fragte Fräulein Raimar, schnell in das Zimmer tretend.

Statt Orla antwortete Melanie: »Etwas furchtbar Schreckliches haben wir erlebt!«, rief sie. »Ein Gespenst, ein furchtbares Gespenst haben wir gesehen!«

»Du hast geträumt«, sagte die Vorsteherin. »Es gibt keine Gespenster!«

»Ich sah es mit offenen Augen, Fräulein!«, entgegnete Melanie voller Überzeugung. »Erst sind wir alle drei von einem furchtbar lauten Schrei erwacht, nicht wahr, Orla! Gleich darauf sauste das Gespenst hier ganz dicht am Fenster vorbei!«

»Es war vielleicht ein Spitzbube, der sich Äpfel holen wollte«, beruhigte die Vorsteherin. »Hast du auch etwas gesehen, Orla?«

»Ja«, sagte diese. »Ich sah zum Fenster hinaus und da schien es mir, als ob etwas in Nellies Zimmer verschwand –«

Die Pensionärinnen, sogar Miss Lead drängten sich ängstlich um Fräulein Raimar. Gespenster – Spitzbuben! So unheimliche Dinge hatte man in der Pension noch niemals erlebt. Flora zitterte zwar vor Furcht und Aufregung, trotzdem fand sie dieses Erlebnis höchst romantisch. Sie nahm sich vor, es in ihrem nächsten Romane zu verwerten.

Fräulein Güssow hatte kaum vernommen, dass der Spuk in Nellies Zimmer verschwunden sein sollte, als sie still die Treppe hinunterstieg und sich zu den beiden Mädchen begab. Sie öffnete die Tür und leuchtete in das Zimmer. Ihr Blick glitt prüfend durch dasselbe, es war nichts Verdächtiges zu sehen. Die Fenster waren geschlossen und Ilse schien fest zu schlafen.

Nellie hatte sich im Bett erhoben und tat ganz erstaunt beim Anblick der Lehrerin.

»Oh, was gibt es?«, fragte sie. »Warum ist der Glocke gezogen? Ich habe mir so erschreckt.«

»Es soll hier jemand in das Fenster bei euch gestiegen sein«, antwortete Fräulein Raimar, die Fräulein Güssow mit den Übrigen gefolgt war.

Nellie stockte der Atem vor Angst. Was sollte sie beginnen? Die Wahrheit gestehen? Unmöglich! Es wäre zugleich Ilses und ihre Entlassung aus der Pension gewesen. Und lügen? Sie wäre nicht dazu im Stande gewesen. Entsetzt blickte sie die Vorsteherin an und gab keine Antwort.

Diese deutete Nellies stummes Entsetzen anders und sah es als eine Folge des plötzlichen Schreckens an.

»Nun, nun«, beruhigte sie, »du darfst dich nicht weiter ängstigen. Orla und die Schwestern wollen durchaus einen lauten Schrei gehört haben und Orla behauptet fest, es sei ein Gespenst vor ihrem Zimmer vorbeigeflogen und hier in eurem Zimmer verschwunden!«

»Oh, eine Gespenst! Wie furchtbar!«, wiederholten Nellies zitternde Lippen, und die Angst, die sich in ihren Zügen malte, erweckte Mitleid in Fräulein Raimars Herzen.

»Beruhige dich nur«, sagte sie, »die Mädchen werden geträumt haben. Das ganze Haus haben sie in Aufruhr gebracht. – Ich denke, wir legen uns wieder hin«, wandte sie sich zu Fräulein Güssow. »Das ist das beste Mittel, die aufgeregten Gemüter zur Ruhe zu bringen.«

Schon im Herausgehen begriffen, fiel ihr die schlafende Ilse ein. Sie trat an das Bett derselben und beugte sich leicht darüber.

»Ist denn Ilse gar nicht erwacht von dem Spektakel?«, fragte sie erstaunt.

Ängstlich verfolgte Nellie jede Bewegung der Vorsteherin. Wenn sie sich ein wenig zur Seite wandte, wenn ihr Blick das Fußende des Bettes streifte – dann waren sie verloren. Unter dem Deckbette – o Schreck! – sah eine Spitze von Ilses fürchterlichem Stiefel vor.

»Sie hat immer so ein fester Schlaf«, brachte Nellie mühsam hervor – und plötzlich, im Augenblicke der höchsten Not, kehrte ihre Geistesgegenwart zurück.

»Bitte, bitte, Fräulein Güssow«, sagte sie und erhob flehend die Hände, »sehen Sie unter meines Bett, ob keine Gespenst da liegt.«

Sofort lenkte sich die Aufmerksamkeit aller Anwesenden auf Nellie und die Angeredete nahm wirklich das Licht und leuchtete unter das Bett. Fräulein Raimar schüttelte unwillig den Kopf.

»Sei nicht kindisch, Nellie«, verwies sie dieselbe. »Du wirst in deinem Alter doch wahrlich nicht mehr an Spukgeschichten glauben!«

Und Miss Lead, die bis dahin mit den Pensionärinnen vor der äußeren Tür gestanden, trat zu ihrer Landsmännin und schalt sie wegen ihrer Furchtsamkeit.

Kaum hatte Nellie die sonderbar Gekleidete erblickt, als sie in ein lautes Gelächter ausbrach. »Oh, Miss Lead!«, rief sie aus. »Sie haben die Aussicht wie eine Räuberhauptmann! Seien Sie nicht böse, aber ich muss lachen!« Und die übrigen Mädchen stimmten fröhlich ein in das Gelächter. Sie hatten bis jetzt nicht auf die englische Lehrerin geachtet.

Miss Lead wurde sofort hochrot vor Ärger und die Vorsteherin gab Nellie einen ernsten Verweis über ihr unartiges Benehmen. Es wurde darüber die Gespenstergeschichte vergessen und Ilse nicht weiter beachtet. Oder doch?

Fräulein Güssow entfernte sich, mit der Kerze in der Hand, sehr schnell aus der Tür – hatte sie vielleicht die unselige Stiefelspitze entdeckt?

»Wir wollen Ilses Ruhe nicht stören«, sagte sie. »Warum soll die Ärmste auch noch beunruhigt werden?«

»Sie haben Recht, wir sollen sie nicht stören. Aber sie hat einen wunderbar festen Schlaf. Nun geht zur Ruhe, Kinder. Melanies Gespenst war sicherlich nichts weiter als eine Katze, die sich im Baum einen Vogel gefangen hat. Ihr könnt ganz ohne Sorge sein, zum zweiten Mal wird es nicht wiederkehren.«

Damit hatte der nächtliche Spuk sein Ende. Kurze Zeit später lag alles wieder in tiefem Schlaf. Melanie hatte die Lampen brennen lassen. Um keinen Preis wäre sie im Dunkeln geblieben.

Als Nellie sich vollkommen überzeugt hatte, dass alles wieder still im Hause war, da kehrte mit dem Gefühl der Sicherheit

auch ihre frohe Laune wieder. Sie suchte die Äpfel unter der Bettdecke hervor und fing an gemütlich zu essen, als ob nichts vorgefallen wäre.
»Was machst du denn?«, fragte Ilse, als sie das knirschende Geräusch hörte. Sie hatte bis jetzt noch nicht gewagt sich zu rühren und lag schweißgebadet da.
»Ich speise Äpfel«, entgegnete Nellie sorglos.
»Aber, Nellie, wie kannst du das nur!«, rief Ilse ganz entrüstet. »Ich zittre noch an allen Gliedern, mein Herz schlägt wie ein Hammer – und du kannst essen! Wirf die Äpfel fort – sie gehören ja gar nicht uns. Ach, Nellie, ich ärgere mich über meinen dummen Streich!«
»Ach was!«, sagte Nellie, ruhig weiter essend. »Man muss tun, als ob man zu Haus ist! Gräm dir nicht mit unnütze Gedank, zieh dir lieber aus und pack deine Sache fort in deine Koffer. Du kannst ruhig schlafen, mein Darling, morgen weiß kein Seel von unser lustiges Abenteuer und du wirst sehr klug sein, liebe Ilschen, und schweigen.«
Aber Ilse konnte lange nicht einschlafen. Der Gedanke, wie nahe sie daran gewesen war, entdeckt zu werden, schreckte sie immer von neuem auf. Sobald sie im Begriffe war einzuschlafen, fuhr sie ängstlich in die Höhe. Endlich schlief sie ein, aber selbst im Traum quälten sie die schrecklichsten Bilder. Bald wurde sie verfolgt, bald fiel sie vom Baum und zuletzt hatte sie sich in einen Vogel verwandelt und eine große Eule wollte sie fressen.

Früh am andern Morgen, als Fräulein Raimar ihren Spaziergang durch den Garten machte, blieb sie vor dem Apfelbaum stehen. Sie schüttelte den Kopf und rief den Gärtner.
»Es müssen Diebe in diesem Baume gewesen sein, Lange«, sagte sie. »Sehen Sie nur das viele Laub und sogar einige

abgebrochene Zweige darunter. Da liegen auch mehrere Äpfel, die sie verloren haben mögen.«
»Es ist mir ein Rätsel, wie sie hereingekommen sind«, bemerkte der Gärtner kopfschüttelnd. »Die Gartentüre war fest verschlossen. Sie müssen geradezu über die Mauer geklettert sein.«
»Wohl möglich«, stimmte Fräulein Raimar ihm zu. Das also war Melanies Gespenst, dachte sie bei sich.
Oben am offenen Fenster standen die beiden Mädchen und hatten jedes Wort vernommen. Ilse war es heiß und kalt dabei geworden. Nellie dagegen lachte vergnügt. »Das ist eine spaßige Sach«, sagte sie übermütig. »Ich kann mir totlachen! Wenn sie wüsste, dass die böse Spitzbuben mit sie unter eine Dach wohnen. Wie würde sie sich staunen!«
Ilse hielt ihr den Mund zu. »Du darfst nicht darüber lachen, Nellie«, gebot sie entschieden, »ich schäme mich so sehr. Spitzbuben hat uns Fräulein Raimar genannt und das sind wir auch.«
»Wer wird so strenge sein, mein Fräulein«, antwortete Nellie. »Was man in den Mund steckt, ist kein Diebstahl, merken Sie sich das! Komm, gib mir ein Kuss und sieh nicht so trübe aus, du klein Spitzbube!«
Mit Nellie war schwer streiten, aber Ilse bestand darauf, dass sie sich gegenseitig versprachen, niemals wieder einen solchen Streich auszuführen.

Die Tage wurden kürzer und kürzer. Der Oktoberwind fuhr durch die Bäume und trieb sein lustiges Spiel mit den trockenen, gelben Blättern. Öde und verlassen lag der Garten des Instituts da. Der schöne Aufenthalt im Freien hatte ein Ende und die Mädchen waren mehr und mehr auf ihre Zimmer angewiesen. In den Wochentagen empfanden sie dies kaum, aber an den Sonntagnachmittagen, die sie gewohnt waren im Garten zu verleben, da fühlten sie sich doppelt eingeengt. In den Zimmern war es so langweilig. Man konnte doch nicht immer Briefe schreiben oder nähen! Sich die Zeit verkürzen mit Romanschreiben, das konnte nur Flora, die denn auch den innigsten Wunsch hatte, die Sonntagnachmittage möchten ewig dauern.

»Ich komme heute auf euer Zimmer«, sagte sie eines Sonntagmorgens zu den Freundinnen. »Ich werde euch meine neueste Novelle vorlesen, natürlich nur den Anfang und den Schluss, das andere habe ich noch nicht geschrieben, ich mache es immer so. Ich sage euch, ihr werdet entzückt sein, Kinder! Ich selbst fühle, wie gut mein neuestes Werk mir gelungen ist!«

Nellie lächelte. »Wie ich mir auf dieser neue Werk freue!«, sprach sie neckend. »Immer nur die Anfangs und die Endes macht Flora. Die langweilige Mitte lasst sie aus! Oh, sie ist ein großer Dichter!«

Flora war heute gar nicht empfindlich. Sie tat, als hörte sie Nellies Neckereien nicht.

»Also auf heute Nachmittag!«, sagte sie und drückte Ilse die Hand.

Nach der Kaffeestunde begleitete sie denn auch die beiden Mädchen auf ihr Zimmer, und nachdem alle drei am Fenster Platz genommen hatten, zog sie mit wichtiger Miene mehrere Blätter aus ihrer Kleidertasche hervor.

»Fang doch an dein Novelle, warum besinnst du dir?«, fragte

Nellie, als Flora ein Blatt nach dem andern ansah und wieder beiseite legte.

»Entschuldigt einen Augenblick«, entgegnete Flora, »das ist mir alles so durcheinander gekommen. Seite 5 – 10 – 11 – 3 –«, zählte sie. »Halt! Hier ist Blatt 1. So, nun will ich beginnen! Und, Nellie, tu mir den einen Gefallen, unterbrich mich nicht fortwährend mit deinen witzigen Einfällen, du schwächst wirklich den ganzen Eindruck damit. – Nun, hört zu. Die Novelle heißt:

Ein Schmerzensopfer

Das Meer brauste und der Sturm tobte. – Weiße Möwen flogen krächzend darüber hinweg. – Der Mond lugte dann und wann zwischen zerrissenen Wolken hervor – traurig – einsam.

Da schaukelt ein kleines Schiff auf den hohen Wogen und nähert sich dem Strande. Ein junges Mädchen sitzt allein drin. Leichtfüßig schwingt sie sich aus dem Schiff und setzt sich auf ein Felsstück, das von den Wellen des Meeres umspült wird und hart am Strande liegt.

Tief seufzt sie auf und ihre großen Vergissmeinnichtaugen füllen sich mit Tränen.

›Was soll ich beginnen?‹, flöten ihre Lippen und in ihrem süßen Blumengesichte drückt sich ein schmerzliches Entsagen aus. ›Er liebt mich – und ich ihn! Aber Aurora liebt ihn auch und die ist meine geliebte Schwester! Kann ich sie leiden sehen? – Nein – nimmermehr! Und sollte ich darüber an gebrochenem Herzen sterben!‹

Sie seufzte tief. ›Oh, sterben! Aber ich fühl's, ich werde nicht sterben – mein Herz wird nicht brechen. – Es wird weiter-schlagen . . . wenn es auch besser wäre, das zähe Ding stände zur rechten Zeit für ewig still!‹«

Hier machte Flora eine kleine Pause und Nellie konnte es nicht unterlassen, sie zu unterbrechen.

»O wie furchtbar traurig!«, rief sie aus. »Das arme Blumengesicht mit die Vergissmeinnichtauge und das zähe Herz! Wo ist sie denn hergekommen auf ihres kleines Schiff – so allein auf die brausende Meer?«

Und sie lachte mit ihren Schelmengrübchen so herzlich über Floras Unsinn, dass ihr die Tränen in die Augen traten.

»Wie abscheulich von dir, Nellie«, fuhr Flora sehr erzürnt auf, »dass du mich so unterbrichst! Wenn nur ein Funken Poesie in deinem Busen schlummerte, würdest du meine Werke verstehen. Aber du bist nüchtern vom Scheitel bis zur Sohle!«

»Oh, oh!«, lachte Nellie ausgelassen. »Oh, wie komisch bist du, Flora! Lies nur weiter dein ›Schmerzensopfer‹, ich will nun artig hören und kein Laut mehr lachen.«

Aber Flora nahm schmollend ihre Blätter zusammen. Das heißt, es war ihr nicht so recht Ernst damit, denn als auch Ilse sich aufs Bitten verlegte, sie möge doch nun auch den Schluss ihrer Novelle vorlesen, da ließ sie sich erweichen. Schon hatte sie die Lippen geöffnet, um fortzufahren, da wurden sie durch Melanies hastigen Eintritt unterbrochen.

»Kinder!«, rief diese aufgeregt. »Denkt euch, eben ist eine höchst elegante Dame vorgefahren mit einem reizend netten, kleinen Mädchen. Fräulein Raimar empfing sie schon an der Tür und Orla hat deutlich gehört, wie sie sagte: ›Sie bringen das Kind selbst, gnädige Frau!‹ – Es bleibt also hier in der Pension und wir haben nichts davon gewusst! Warum wird nun die ganze Geschichte so furchtbar geheimnisvoll gemacht? Wir haben doch stets gewusst, wenn eine neue Pensionärin ankam!«

Die Mädchen horchten erstaunt auf und selbst Flora vergaß das

Weiterlesen. Welch eine Bewandtnis hatte es mit dem kleinen Mädchen, das so plötzlich hereingeschneit kam?
»Oh, welch eine klassische Geschichte!«, rief Nellie. »Kommt, wir wollen gleich die fremde Frau mit ihres Kind uns ansehen!« Und sie eilten die Treppe hinunter mit einer Hast und Neugierde, als ob ein Wunder geschehen sei.
Es war aber nichts zu sehen, denn vorläufig verweilten die Fremden in Fräulein Raimars Zimmer. Der Wagen hielt aber noch auf der Straße und Nellie schloss daraus, dass die Dame sich nicht allzu lange aufhalten werde.
»Sehen müssen wir ihr«, sagte Nellie. »Komm, wir stellen uns an der großen Glastür im Speisesalon und warten, bis sie kommt.«
Als sie dort eintraten, fanden sie die Tür bereits belagert.
»Ihr kommt zu spät!«, rief Grete, die natürlich den besten Platz hatte. »Dahinten könnt ihr nichts sehen!«
Nellie aber wusste sich zu helfen. Sie zog einen Stuhl heran und stellte sich darauf. Ilse kletterte ihr natürlich nach.
Die Geduld der Mädchen wurde auf eine harte Probe gestellt. Wohl eine gute halbe Stunde mussten sie noch warten, bis die Erwartete erschien. Langsam und lebhaft sprechend, ging sie mit der Vorsteherin an den Lauschenden vorüber. Zum Glück war es bereits dämmrig und die Damen waren so in der Unterhaltung begriffen, dass sie nicht auf die vielen Mädchenköpfe hinter der Glastüre achteten.
»Oh, wie sie hübsch ist!«, bemerkte Nellie halblaut.
»Sei doch still, Nellie«, gebot Orla, die das Ohr dicht an der Tür hielt, um einige Worte zu erlauschen.
»Was sagt sie?«, fragte Flora. »Ich glaube, sie spricht französisch.«
»Nein, italienisch«, behauptete Melanie, die nämlich seit einigen Tagen angefangen hatte diese Sprache zu lernen.

»Sie spricht deutsch«, erklärte Grete. »Eben hat sie gesagt: ›Meine kleine Lilli‹.«
»Was du schon gehört hast!«, widersprach Orla. »Sie spricht englisch.«
»Oh, eine Landsmann von mir!«, rief Nellie laut und erfreut.
Über diese drollige Bemerkung kam Annemie ins Lachen. Orla wurde ganz böse darüber und hielt ihr den Mund zu.
In diesem Augenblicke kam von der andern Seite des Korridors Rosi Müller. Erstaunt sah sie auf die Belagerung der Glastür. Die Mädchen mussten zurücktreten, um sie einzulassen.
»Wie könnt ihr euch nur so kindisch benehmen«, sagte sie sanft und vorwurfsvoll. »Ich begreife eure Neugierde nicht.«
»Du bist auch unsere ›Artige‹«, meinte Grete.
In diesem Augenblick trat Fräulein Güssow mit der kleinen Lilli an der Hand ein. Sofort sprangen die Mädchen von ihren Plätzen auf und umringten sie.
»Sieh, Lilli«, sagte die junge Lehrerin, »nun kannst du gleich deine zukünftigen Freundinnen kennen lernen.«
Die Kleine schüttelte den Kopf. »Die Madel sind schon so groß«, antwortete sie im süddeutschen Dialekt und ohne Befangenheit. »Die können doch nit meine Freundinnen sein.«
Nellie fand gleich einen Ausweg. Sie kniete sich zu dem Kinde nieder und sagte: »Jetzt bin ich ein klein Madel wie du und du kannst mit mich spielen.«
Lilli lachte. »Nein, du bist groß«, sagte sie, »aber du gefallst mir. Und du auch«, wandte sie sich zu Ilse, die neben Nellie stand. »Du hast so schöne Lockerl wie ich. Weißt, du sollst meine Freundin sein, mit dir will ich spielen.«
Sie ergriff Ilses Hand und sah dieselbe mit ihren großen Augen treuherzig an. Das junge Mädchen war ganz entzückt von der Zutraulichkeit der Kleinen und küsste und liebkoste sie.

Sämtliche Pensionärinnen waren ganz hingerissen von dem Kinde, das wie eine zarte Elfe in ihrer Mitte stand. Lange, blonde Locken fielen ihm über die Schulter herab, zu denen die schwarzen Augen mit den feingeschnittenen, dunklen Augenbrauen einen wunderbaren Kontrast bildeten. Das gestickte, sehr kurze, weiße Kleidchen ließ Hals und Arme frei. Eine hochrote, seidene Schärpe vervollständigte den höchst eleganten Anzug.

»Oh, du süßes, entzückendes Geschöpfchen!« – »Du Engelsbild!« – »Kleine Fee!« und mit anderen ähnlich überschwänglichen Ausdrücken überschütteten die Pensionärinnen das Kind. Fräulein Raimar war unbemerkt eingetreten und hörte diese Ausrufe kopfschüttelnd an.

Sie trat in den Kreis und nahm Lilli bei der Hand. »Komm«, sagte sie zu ihr, »du sollst erst umgekleidet werden. Du könntest dich erkälten in dem leichten Anzuge.«

»Bitt schön, lass mich hier, Fräulein«, bat das Kind. »Ich hab gar nit kalt. Schau, ich geh halt immer so. Die Madel sind so gut, es gefallt mir hier!«

Fräulein Raimar ließ sich nicht erweichen. »Komm nur, Kind«, sagte sie gütig. »Du wirst die Mädchen zum Abendessen alle wieder sehen.«

Die abgeschlagene Bitte verstimmte Lilli nicht. »Lass Ilse mit mir gehen, Fräulein«, bat sie.

Dieser Wunsch wurde ihr erfüllt. Als Ilse mit dem Kinde das Zimmer verlassen hatte, wandte sich die Vorsteherin mit ernsten, mahnenden Worten an ihre Zöglinge.

»Ich bitte euch, in Zukunft Lilli nicht wieder so große Schmeicheleien in das Gesicht zu sagen. Wollt ihr sie eitel und oberflächlich machen? Lilli bleibt vorerst bei uns. Ich hatte noch nichts davon zu euch gesprochen, weil ihr Eintritt in die Pension noch nicht fest beschlossen war.«

»Wo wohnen Lillis Eltern?«, fragte Flora.
»In Wien«, entgegnete das Fräulein. »Der Vater ist tot und die Mutter ist eine bedeutende Schauspielerin. Weil sie sich in ihrem Beruf wenig um die Erziehung ihres Kindes kümmern kann, hat sie es in eine Pension gegeben.«
»Lillis Mutter ist ein schönes Frau«, bemerkte Nellie.
»Wo hast du sie gesehen?«, fragte die Vorsteherin etwas erstaunt.
»Oh, ich habe ihr vorbeigehen sehen«, entgegnete Nellie, leicht errötend.

Die jungen Mädchen horchten auf jedes Wort. Sie hätten furchtbar gern Ausführlicheres über Lillis Mutter erfahren, die als »bedeutende Schauspielerin« ihre Gemüter lebhaft erregte und interessierte. Aber sie erfuhren nichts. Das Gespräch wurde abgebrochen und Fräulein Raimar führte die Wissbegierigen recht unsanft in die Wirklichkeit zurück.

»Wer hat den Tisch zu besorgen?«, fragte sie. »Es ist Zeit, dass wir den Tee einnehmen.«

Ilse und Flora hatten heute dieses Amt inne. Letztere verließ sofort das Zimmer, um kurze Zeit darauf mit Ilse zurückzukehren. Jede trug einen Stoß Teller, welchen sie auf einen Seitentisch stellten. Sie legten die Tischtücher auf und fingen an die Tafel zu decken. Vor wenigen Monaten hatte Ilse es sich nicht vorstellen können, dass sie je eine solche Beschäftigung tun würde – heute stand sie da in ihrer rosafarbenen Latzschürze und besorgte alles so geschickt und manierlich wie irgendeine andre Pensionärin. Manierlich und geschickt war sie freilich nicht immer gewesen und es hatte einige Zeit gedauert, bis sie sich überhaupt dazu überwunden hatte, »Dienstbotenarbeiten« zu verrichten. Die gutmütige Wirtschafterin konnte manches Lied über Ilses Widerspenstigkeit singen.

An diesem Abend erhielt Lilli ihren Tischplatz zwischen der Vorsteherin und Ilse. Während der Mahlzeit belustigte sie die ganze Gesellschaft. Sie plauderte gänzlich unbefangen. »Das macht«, bemerkte Flora, »weil sie unter Künstlern groß geworden ist.«

»Du, Fräulein, gib mir noch ein Kipferl, bitt schön. Ich hab halt so großen Hunger«, rief sie ungeniert. Und als Fräulein Güssow fragte, welches ihre Lieblingsgerichte seien, meinte sie: »Wiener Würstel und Sauerkraut.«

»Aber eine Mehlspeise wirst du doch lieber essen«, meinte Fräulein Raimar.

»O nein! Mehlspeis ess i gar nicht gern – aber a groß Stückerl Rindfleisch mit Gemüs – das mag i!«
Alles lachte. Selbst die Vorsteherin stimmte ein. Wer hätte auch nicht mit Vergnügen dem Geplauder der Kleinen zugehört.

Mit Lilli kam ein andres Leben in die Pension. Alles drehte sich um sie, jeder wollte ihr Freude machen. Und wenn die Mädchen auch vermieden ihr Schmeicheleien in das Gesicht zu sagen, so waren doch alle bemüht, ihr den Hof zu machen. Am glücklichsten waren sie, wenn Lilli sich herabließ ein kleines Volkslied zu singen.
»Sie ist furchtbar süß!«, lispelte Melanie, als Lilli zum ersten Mal »Kommt a Vogerl geflogen« vortrug. »Sieh nur, Flora, wie melancholisch sie die Augen in die Ferne richtet.«
»Ja, melancholisch«, wiederholte Flora langsam und pathetisch. »Du hast Recht. Weißt du, Melanie, es liegt so etwas Geheimnisvolles – Traumverlorenes in ihren samtenen, dunklen Augen, so etwas, das sagen möchte: ›Du fade Welt, ich passe nicht für dich.‹«
»Denn es kümmert sich ka Katzerl – ka Hünderl um mi«, schloss Lilli ihr Liedchen.
»Oh, wie reizend!«, rief Nellie und klatschte in die Hände.
»Wie kann man diese Worte reizend finden!«, rief Flora entrüstet. »Traurig – düster – das ist der rechte Ausdruck dafür. Ein einsames, verlassenes Herz hat sie empfunden und welche Folterqualen mag es dabei erlitten haben.«
»Oh, das Herz ist eine sehr zähe Dinge, und doch wär es manchmal besser«, deklamierte Nellie mit komischem Pathos, aber sie kam nicht weiter. Flora hielt ihr den Mund zu.
»Du bist schändlich – ganz abscheulich!«, rief sie. »Nie, nie wieder weihe ich dich in meine geheimsten Gedanken ein! Wie kannst du mein Vertrauen so missbrauchen?«

Weihnachten rückte heran und fleißig rührten sich aller Hände. Da wurde genäht, gestickt, gezeichnet, Klavierstücke wurden eingeübt, um die Eltern oder die Angehörigen liebevoll zu überraschen.

»Was willst du deinen Eltern geben?«, fragte Nellie, die eifrig dabei war, einen sterbenden Hirsch mit Kreide zu zeichnen. Er sollte ein Geschenk für den Onkel in London werden, der sie im Institute ausbilden ließ.

»Ich habe noch nicht daran gedacht«, entgegnete Ilse. »Meinst du, Nellie«, fügte sie nach einigem Besinnen hinzu, »dass die Rose, die ich jetzt zeichne, dem Papa Freude machen würde?«

»Oh, sicher! Aber du musst sehr fleißig sein, mein klein Ilschen, sonst wird die liebe Christfest kommen und du bist noch lang nicht fertig. Und was willst du deine Mutter geben?«, fragte Nellie.

»Meiner Mama?« Ilse dehnte ihre Frage etwas in die Länge.

»Ich werde ihr etwas kaufen«, sagte sie dann so obenhin.

Nellie war nicht damit zufrieden. »Kaufen, das macht keine Freude!«, tadelte sie. »Warum wollen deine Finger faul sein?«

»Nellie hat Recht«, mischte sich Rosi in das Gespräch, die neben Ilse saß und an einer altdeutschen Decke arbeitete. »Deine Mama wird wenig Freude an einem gekauften Gegenstand haben.«

»Ich bin zu ungeschickt«, gestand Ilse offen.

»Wir werden dir helfen und dir alles gern zeigen«, versprach

Rosi. Und Fräulein Güssow, die gerade hinzutrat, nahm Ilse den letzten Zweifel.

»Du kannst ein Nähkörbchen, wie Annemie es gerade anfertigt, arbeiten. Das wird dir bestimmt gelingen.«

Und es gelang sogar weit besser, als Ilse es sich selbst zugetraut hatte. Sie hatte eine kindliche Freude, als das Körbchen nach acht Tagen so wohl gelungen vor ihr stand.

»Es sind noch vierzehn Tage bis Weihnachten«, sagte sie zu Rosi, »und ich möchte noch etwas arbeiten, für Fräulein Güssow und Fräulein Raimar.«

»Und für meine Lori, bitt schön, meine gute Ilse!«, bettelte Lilli, die gewöhnlich an den Mittwochnachmittagen im Arbeitssaale zugegen war und dann ihren Platz dicht bei Ilse wählte, die sie, wie sie sich ausdrückte, zum Aufessen liebte.

»Mein Lori muss halt a neues Kleiderl haben«, fuhr sie fort und hielt ihre Puppe in die Höhe. »Bescher ihr eins zum heil'gen Christ. Schau, das alte da ist ja schlecht!«

Natürlich versprach Ilse, ihr diesen Herzenswunsch zu erfüllen, und zur Besiegelung drückte sie dem kleinen Liebling einen Kuss auf die roten Lippen.

»Ich habe eine famose Idee!«, rief Ilse am Abend desselben Tages aus, als sie mit Nellie allein war. »Ich kaufe für Lilli eine neue Puppe und kleide sie selbst an. Was meinst du dazu?«

»Oh, das ist wirklich ein famos Gedanke«, entgegnete Nellie, »aber lieb Kind, hast du auch an der viele Geld gedacht, die so ein Puppe mit ihrer Siebensachen kostet? Wie steht's mit dein Kasse?«

»Oh, das hat keine Not, ich habe sehr viel Geld!«, versicherte Ilse sehr bestimmt. Und sie nahm ihr Portmonee aus der Kommode und zählte ihre Schätze.

»Zwölf Mark«, sagte sie. »Das ist mehr, als ich brauche, nicht?«

»Sie sind ein sehr schlecht Rechenmeister, mein Fräulein«, riss Nellie sie unbarmherzig aus ihrer Illusion, »ich mein, sie reichen lang nicht aus.«
Ilse sah die Freundin zweifelnd an. »Du scherzest«, meinte sie. »Zwölf Mark ist doch furchtbar viel Geld?«
»Reicht lang nicht!«, wiederholte Nellie unerbittlich. »Hör zu, ich will dir vorrechnen: 1. Ein Nähtischdeckchen für Fräulein Raimar macht vier Mark. 2. Ein Arbeitstaschen für Fräulein Güssow macht drei Mark. 3. Eine schöne Geschenk für die liebe Nellie und all die andren jungen Fräulein – macht – sehr viele Mark. Wo willst du Geld zu der Puppen nehmen?«
»Ach«, fiel Ilse ihr ins Wort, »und unser Kutscher daheim und seine drei Kinder. Daran habe ich noch gar nicht gedacht!«
Sie machte ein recht betrübtes Gesicht, denn sie hatte es sich gar zu reizend ausgedacht, wie sie Lilli überraschen wollte. Nun konnte es nichts werden.
Nachdenklich saß sie einige Augenblicke, dann leuchteten plötzlich ihre Augen freudig auf.
»Halt!«, rief sie aus. »Ich weiß etwas! Heute Abend schreibe ich an Papa und bitte ihn mir Geld zu schicken. Er tut es, ich weiß es ganz bestimmt. Mein Papa ist reizend.«
»Und dein Mutter?«, fragte Nellie. »Ist sie nicht auch ein sehr gütiger Frau? Wie macht sie dich immer Freude mit die viel schönen Sachen, die sie an dir schickt. Freust du dir sehr auf Weihnachten? Ja? Es ist doch schön, die lieben Eltern wieder sehen.«
Ilse zögerte mit der Antwort. Noch hatte sie den Groll gegen die Mutter nicht überwunden. Obwohl sie sich zuweilen heimlich eingestand, wie nötig für ihr Wissen und ihre Ausbildung der Aufenthalt in der Pension war, so hielt sie immer noch an dem Gedanken fest: »Sie hat mich fortgeschickt.«

»Ich werde hier bleiben«, sagte sie. »Ich will das Weihnachtsfest mit euch verleben.«

»Das ist famos!«, rief Nellie entzückt. »Ich freue mir furchtbar, dass du nicht fortreisen willst! All unsre Freunde reisen auch nicht und es ist so schön hier, die heilige Christ. Alles bekommt eine große Kiste von Haus, mit allen Bescherung und Schokolad und Marzipan! Und die Christabend wird jede Kiste aufgenagelt und ich helfe auspacken bald der eine, bald der andre.«

»Erhältst du keine Kiste?«, fragte Ilse.

»Du weißt ja – ich hab kein Eltern. Wer sollte beschenken?«

»Gar, gar nichts bekommst du?«

Ilse konnte es nicht fassen.

»Zu Neujahr schenkt mein Onkel für mir Geld, da kaufe ich mir, was ich notwendig habe.«

Ilse sah die Freundin schweigend an. Am Abend aber schrieb sie einen langen Brief in die Heimat, worin sie zuerst ihren Entschluss mitteilte, dass sie die Weihnachtstage mit den Freundinnen feiern wollte. Dann ging sie zu dem Geldmangel über und schilderte dem Papa mit vielen zärtlichen Schmeichelworten ihre Not und zuletzt gedachte sie mit warmen Worten Nellies. – *Noch eine dringende Bitte habe ich zum Schluss,* fuhr sie in ihrem Briefe fort, *an dich, Mama,* wollte sie schreiben, aber sie besann sich und schrieb: *an euch, liebe Eltern. Meine Freundin Nellie ist nämlich die Einzige in der Pension, die keine Weihnachtskiste erhalten wird. Sie ist eine Waise und steht ganz allein in der Welt. Ihr Onkel in London lässt sie zur Gouvernante ausbilden. Und dabei ist sie noch so jung und immer so fröhlich und ich kann mir nicht denken, dass sie eine Gouvernante wird! Nun wollt ich euch recht von Herzen bitten, ihr möchtet die Geschenke, die ihr mir zugedacht habt, zwischen mir und meiner Nellie teilen und zwei Kisten daraus machen.*

Bitte, bitte! Ihr schenkt mir stets so viel, dass ich doch immer noch genug habe, wenn es auch nur die Hälfte ist. Ich würde gewiss keine rechte Freude am Heiligen Abend haben, wenn Nellie gar nichts auszupacken hätte.
Ihr hattet mir Erlaubnis gegeben an den Tanzstunden nach Weihnachten teilnehmen zu dürfen und du, liebe Mama, versprachst mir ein neues Kleid dazu. Ich bitte dich, kaufe mir keins, mein blaues ist noch sehr gut und ich komme damit aus. Schenk Nellie dafür etwas – bitte, bitte!
Mit diesem heißen Wunsche umarmt euch
eure dankbare Ilse
PS: Das Geld schicke nur recht bald, einziges Papachen, ich habe es furchtbar nötig.

Umgehend erhielt denn auch Ilse das Gewünschte. Ihr Wunsch, Weihnachten nicht in die Heimat zu kommen, wurde ebenfalls erfüllt. Der Vater schrieb sogar, er lobe ihren verständigen Entschluss. Die weite Reise sei im Winter nicht ratsam. Freilich werde er seinen Wildfang schmerzlich vermissen und es werde der Mama und ihm recht einsam sein, aber er wolle sich mit dem Gedanken trösten, dass das nächste Christfest desto schöner ausfallen werde.
Diese bereitwillige Zustimmung kränkte sie ein wenig; doch sie kam nicht dazu, darüber nachzudenken, denn der Briefträger kam und brachte ihr dreißig Mark.
»Dreißig Mark!«, jubelte Ilse. »Nellie, nun sind wir reich! Komm, lass uns gleich gehen und unsere Einkäufe machen, ich kann die Zeit nicht erwarten.«
»O nein, mein Kind«, entgegnete Nellie bedächtig, »erst müssen wir ein langer Zettel aufschreiben mit alle Sachen, die wir kaufen werden. Wir müssen doch rechnen, was sie kosten.«
Daran hatte Ilse gar nicht gedacht. Ohne zu überlegen, hätte

sie blind drauflosgekauft und am Ende würde es wieder nicht gereicht haben.
Die beiden Mädchen machten sich nun daran, eine Liste aufzusetzen. Die nötigen Geschenke wurden aufgeschrieben und von der praktischen Nellie der ungefähre Preis dahinter gesetzt. Als Ilse für die Kinder des Kutschers Johann ebenfalls Sachen aufschrieb, rief Nellie: »Halt! Du kannst von deine alte Sachen die Kutschermädchen schenken, dann sparen wir Geld.«
»Ich habe nichts«, meinte Ilse. »Kaufen geht schneller.«
Nellie hatte sich bereits darangemacht in Ilses Kommode und auch im Schranke nachzusehen, um sich zu überzeugen, ob sie nichts fände. Und siehe da, unter Ilses alten Sachen fanden sich allerhand Sachen, Schürzen, die sie nicht mehr trug, ein Kleid, das ihr zu eng und zu kurz geworden war, und zuletzt noch der Pelz vom letzten Jahr, den die gütigen Eltern durch einen neuen, weit kostbareren ersetzt hatten.
Die wenigen Wochen bis zum Heiligen Abend vergingen rasend schnell. Nellie und Ilse hatten neben so mancherlei andern Arbeiten auch noch die neue Puppe anzukleiden. Das war für Ilse eine schwere Aufgabe und ohne ihre geschickte Freundin wäre sie niemals damit fertig geworden.
»Wie geschickt du bist, Nellie«, sagte Ilse, als diese der Puppe das schottische Kleid anzog. »Das hast du doch geradezu klassisch gemacht. Ich hätte es wirklich nicht fertig gebracht.«
»Aber hast du niemals ein Kleid für dein Puppen genäht – oder eine Hut – oder ein Mantel?«
»Nein«, antwortete Ilse aufrichtig, »niemals! Ich habe ja immer nur mit den Hunden gespielt.«
»Hunde brauchen in der Tat keinen Kleider«, lachte Nellie. »Nun musst du auf dein alt Tage nähen lernen, siehst du.«
Ilse lachte fröhlich mit und bemühte sich, das weiße Ba-

tistschürzchen für die Puppe, an welches sie ringsum Spitzen setzte, recht sauber und nett hinzubekommen.

Einen Tag vor der Bescherung erhielten die großen Mädchen die Erlaubnis, die schöne, große Tanne aufzuputzen. Das war etwas ganz Neues für Ilse. Niemals hatte sie sich bis dahin selbst damit befasst und sie kannte es nicht anders, als dass am Weihnachtsabend ein mit viel kostbarem Zuckerwerk behangener Baum ihr hell entgegenstrahlte. Erst hier lernte sie, wie man ihn auch ohne Zuckerwerk herrlich schmücken konnte.
Orla brachte einen großen Korb mit Tannenzapfen und setzte ihn auf die Tafel. Annemie stellte zwei Schälchen mit Gummiarabikum daneben. In das eine schüttete sie Silber-, in das andre Goldpuder und rührte es mit einem Stäbchen um.
Melanie und Rosi hatten die Pinsel ergriffen und fingen an, den unansehnlichen braunen Zapfen ein goldenes oder silbernes Gewand zu geben. Wie schnell das ging! Kaum hatten sie ein paar Mal darüber gepinselt, so waren sie fertig.
»Sieh nur, Rosi«, rief Melanie und hielt einen vergoldeten Zapfen unter die Gaslampe. »Ist der nicht furchtbar reizend?

Wundervoll, nicht? Gleichmäßig, wirklich künstlerisch ist er vergoldet, kein dunkles Pünktchen ist an ihm zu sehen!« Und sie betrachtete das Prachtexemplar höchst wohlgefällig nach allen Seiten.

Orla und Rosi hatten fleißig weitergepinselt und stillschweigend einen Tannenzapfen nach dem andern beiseite gelegt.

»Du bist im höchsten Grade langweilig mit deinem ewigen Selbstlob«, tadelte Orla. »Ich habe noch nie jemanden kennen gelernt, der sich so vergöttert wie du. Pinsle lieber weiter und halte dich nicht bei unnützen Lobhudeleien auf.«

»Kinder!«, unterbrach Fräulein Güssow, die am andern Ende der Tafel saß und Äpfel und Nüsse vergoldete. »Keinen Streit! Melanie, komm zu mir, du kannst mir helfen, und du, Ilse, versuche einmal, ob du Melanie ersetzen kannst.«

Ilse ließ sich das nicht zweimal sagen. Eilig griff sie zum Pinsel und flink und gewandt tat sie ihre Arbeit. Orla war sehr zufrieden damit.

»Nur nicht ganz so dick aufstreichen«, mahnte sie, »sonst reicht unser Gold- und Silbervorrat nicht.«

Flora und Annemie fertigten Netze aus Goldpapier an. »Eine geisttötende Arbeit«, flüsterte Flora Annemie zu, »und außerdem ohne jede Poesie. Warum die Tanne mit allerhand Tand aufputzen? Ist sie nicht am herrlichsten mit ihrem duftigen, grünen Waldkleide? Lichter vom gelben Wachsstock in ihr dunkles Nadelhaar gesteckt – ein goldener Stern hoch oben auf ihrer schlanken Spitze – schwebend – strahlend! – das nenne ich Poesie!«

Hier bekam Annemie einen solchen Lachreiz, dass sie aufsprang und hinauslief, um erst draußen richtig loszulachen.

Dicht unter dem Baume standen Grete und Nellie. Letztere hoch auf einer Trittleiter, eine große Tüte Salz in der Hand haltend, die andre mit einem Leimtiegel in der Hand. Sie reichte

Nellie den Pinsel zu, damit diese die Zweige mit dem Leim bestrich, bevor sie Salz darauf warf.
»Jetzt bin ich eine große Sturmwind und mache der Baum voller Schnee«, scherzte Nellie.
»Wirklich. Die Zweige werden weiß!«, rief Ilse und verließ einen Augenblick ihre Arbeit, um sich das Schneetreiben genau anzusehen. »Das ist aber toll! Das gefällt mir! Nein, das sieht zu reizend aus!«
Zwar fiel ein großer Teil Salz unter den Baum, doch Nellie ließ sich nicht verdrießen. Immer wieder kehrte sie das Salz zusammen und strich es mit der Hand dick auf den Leim.
»Du alter Baum wirfst sonst alles Schnee auf die Erde«, meinte sie. »Aber das ist schlechte Arbeit, alle meiner Finger kleben.«
Rosi trat jetzt auch an den Baum heran, um ihn mit den glänzenden Tannenzapfen zu schmücken.
»Oh du selige, oh du fröhliche Weihnachtszeit«, summte sie mit ihrer frischen Stimme leise vor sich hin und Fräulein Güssow rief ihr zu: »Singe nur laut heraus, Rosi, das bringt uns bei unsrer Arbeit so recht in die echte Weihnachtsstimmung.«
»Wir wollen alle singen!«, riefen Grete und Annemie. »Bitte, Fräulein Güssow!«
»Meinetwegen, aber hübsch gedämpft, Kinder, damit die Kleinen nicht davon erwachen.«
Und nun erklang aus den jugendlichen Kehlen das schöne Lied vierstimmig.
Mitten im Gesange wurde plötzlich die Tür geöffnet und Fräulein Raimar, begleitet von Herrn Doktor Althoff, trat herein. Das war eine unvermutete Überraschung. Der Gesang verstummte und die Mädchen wurden mehr oder weniger verlegen, als der Gegenstand ihrer stillen Verehrung so unerwartet vor ihnen stand. Flora errötete bis an die Haarwurzeln.

»Nun, warum singt ihr nicht weiter, Kinder?«, fragte die Vorsteherin. »Lasst euch nicht stören durch unsere Gegenwart.«
Aber die Mädchen wollten nicht wieder so recht in Schwung kommen.
»Was machen Sie denn, Miss Nellie?«, fragte Doktor Althoff und trat auf sie zu. »Warum verstecken Sie Ihre Hände so ängstlich?«
Er lächelte sie an.
»Oh«, entgegnete Nellie höchst verlegen, »ich habe die Finger verklebt mit der hässliche Leim!« Schnell lief sie hinaus, um sich gründlich zu reinigen. Doktor Althoff sah ihr nach.
»Nellie spricht doch sehr schlecht Deutsch«, bemerkte Flora etwas spöttisch. »Ich begreife das eigentlich nicht. Ein Jahr ist sie bereits in der Pension und wie falsch drückt sie sich noch immer aus.«
Sie hatte ihre Bemerkung so laut gemacht, dass der junge Lehrer sie hören musste.
»Die deutsche Sprache ist schwer zu erlernen, Flora«, entgegnete er, »und ich muss gestehen, Nellie hat in dem einen Jahre schon sehr gute Fortschritte gemacht. Übrigens klingen die kleinen Schnitzer, die sie zuweilen macht, ganz allerliebst und naiv – wir wollen sie nicht deshalb verdammen.«
Fräulein Raimar blickte etwas erstaunt auf den Sprechenden, der sich so warm Nellies annahm.
»Es ist sehr spät, Kinder«, unterbrach sie ihn. »Wollt ihr nicht für heute aufhören und morgen in eurer Arbeit fortfahren?«
Aber die Mädchen baten so sehr, heute schon ihr Werk vollenden zu dürfen, dass sie die Erlaubnis erhielten.

Alle Vorbereitungen waren zu Ende. Die Mädchen trugen Ketten, Netze, kurz allen Schmuck herbei, um den Baum zu behängen.

Wie er sich füllte! Wie festlich geschmückt er bald dastand! Ilse bewunderte hauptsächlich die glänzenden Tannenzapfen, die sich zwischen den dunklen Nadeln ganz herrlich ausnahmen.
»Wie ein Märchenbaum!«, rief sie fröhlich und: »Bäumchen rüttle dich und schüttle dich!«, setzte sie übermütig hinzu.
»O nein!«, rief Nellie, die inzwischen zurückgekommen war in komischem Ernst. »Nicht schüttle und rüttle dir, Baumchen, es fallt sonst all der Salz von deiner Nadel, und ich muss mir noch einmal die Finger zerkleben.«
»Nie in meinem Leben habe ich einen so schönen Christbaum gesehen«, erklärte Ilse.
»Wir sind noch nicht fertig«, entgegnete Fräulein Güssow, »bald hätte ich das Gold- und Silberhaar vergessen.« Und nun begann sie feine Fäden rings um den Baum zu spinnen.
»Wie schön! Wie schön!«, jubelte Ilse und schlug wie ein Kind vor Freude in die Hände. Dann nahm sie Nellie in den Arm und tanzte mit ihr um den Baum.
»Du wirst mit deiner lauten Freude die Schlafenden aufwecken«, ermahnte Fräulein Güssow; aber sie sah Ilse voll innerer Teilnahme an. Es hatte eine Zeit gegeben, in der auch sie so fröhlich hinausgejubelt hatte in die Welt.
»Geht nun zu Bett, Kinder«, bat sie, »aber leise, hört ihr? Gute Nacht!«
»Gute Nacht, gute Nacht!«, rief es zurück und Ilse setzte hinzu: »Ach, Fräulein! Wenn es doch schon morgen wäre!«

Das war ein Leben am andern Tage! Die Mädchen waren ganz außer Rand und Band. Ilse war ausgelassen fröhlich und Nellie stand ihr in nichts nach. Annemie lachte über jede Kleinigkeit, ja selbst Rosi, die stets Vernünftige, machte heute eine Ausnahme und schloss sich der allgemeinen Stimmung an. Als Flora ein selbst gedichtetes Weihnachtslied zum Besten gab und die

ganze übermütige Schar sie dabei auslachte, lachte Rosi mit – nur als Nellie zu necken anfing, bat sie sanft: »Bitte, Nellie, nicht spotten! Wir haben die arme Flora schon genug gekränkt, als wir sie auslachten.«
Melanie und Grete waren die Einzigen, die eine leise Verstimmung nicht unterdrücken konnten. Sie hatten gehofft Weihnachten zu Hause verleben zu können und waren enttäuscht, als die Eltern ihnen nicht die Erlaubnis gaben, weil sie es nicht passend fanden, dass junge Mädchen allein eine so weite Reise machten. Melanie fand diesen Grund geradezu furchtbar kränkend. »Als ob ich noch ein Kind wäre!«, sprach sie ärgerlich zu Orla. »Ich bin siebzehn Jahre alt! Und doch wahrhaftig alt und verständig genug, uns beide zu schützen!«
»Aber du bist hübsch«, entgegnete die Angeredete mit leichter Ironie, »und das ist gefährlich. Denk einmal, wenn dir unterwegs ein Abenteuer begegnete! Das wäre doch furchtbar schrecklich!«
»Ich bitte dich, Orla, verschone mich mit deinen albernen Spöttereien!«, wehrte Melanie entrüstet ab. Aber in ihrem Innern fühlte sie sich doch geschmeichelt.
»Du hörst es ja doch gern, Herzchen«, lachte Orla. »Warum auch nicht? Hübsch zu sein ist ja keine Schande – besonders wenn man so wenig eitel ist wie du! Übrigens, tröste dich mit uns, wir sind ja fast alle zurückgeblieben. Störe nicht unsre fröhliche Laune durch ein verstimmtes Gesicht. Sieh doch nur Lilli an – kannst du bei dem Anblicke so seliger Freude noch missmutig sein?«
Das Kind lief nämlich von einer zur andern, treppauf, treppab, und fragte jede Viertelstunde, ob es noch nicht dunkel würde und ob das liebe Christkindl noch nit bald käm.

Endlich, endlich brach der Abend herein. Die Vorsteherin und

Fräulein Güssow verweilten schon seit zwei Uhr in dem großen Saale, und in einer Klasse, die dicht daneben lag, saßen erwartungsvoll die Pensionärinnen. Natürlich im Dunkeln, denn Licht durfte vor der Bescherung nicht angesteckt werden. Lilli fühlte sich etwas unheimlich in der Finsternis. Sie kletterte auf Ilses Schoß und schlang den Arm um ihren Hals.
»Kommt denn das Christkindl noch nit bald?«, fragte sie wieder. »Schau, es ist halt schon stockfinster.«
»Nun bald«, tröstete Ilse und drückte Lilli zärtlich an sich. Das Anschmiegen des Kindes tat ihr so wohl und seine Liebe machte sie glücklich. »Bald kommt das Christkind, ach, und wie schön wird das sein! – Soll ich dir ein Märchen erzählen, damit dir die Zeit schneller vergeht?«
»Bitt schön! Von Hänsel und Gretel!«
Ilse hatte indes kaum begonnen, als Lilli ihr den Mund zuhielt. »Nit weiter!«, unterbrach sie. »Ich mag das heut nit hören! Ich muss immer an das Christkindl denken. Kennst du das liebe Christkindl, Ilse? Hast du's schon g'schaut?«
»Nein«, sagte Ilse, »gesehen habe ich es noch niemals. Niemand kann es sehen, es wohnt nicht auf der Erde.«
»Wohnt es im Himmel?«, fragte Lilli. »Schau, da möcht ich halt auch wohnen, da ist's schön, nit? Da singen die lieben Englein, und die lieben Englein, die wohnten früher auf der Erde, das waren die artigen Kinder, nit? – Der liebe Gott hat sie in sein Himmelreich geholt, nit wahr, Ilse?«
Die gab ihr keine Antwort darauf, sie versuchte das Kind auf andre Gedanken zu bringen.
»Möchtest du wieder zu deiner Mama?«, fragte sie.
»Nein«, entgegnete Lilli, »ich bleib lieber bei euch. Die Mama kümmert sich halt so wenig um mich, sie hat keine Zeit. Sie muss immer studieren«, setzte sie altklug hinzu. »Alle Abend geht sie ins Theater.«

»Denn es kümmert sich ka Katzerl – ka Hunderl um mi«, rezitierte Flora schwärmerisch.

»Komm zu mir, Lilli«, bat Melanie, »ich will dir eine herrliche Weihnachtsgeschichte erzählen.«

»Bitt, bitt, lass mich bei Ilse bleiben, Melanie, ich will ganz gewiss recht genau zuhören auf dein G'schicht.«

Im Weihnachtssaal war Fräulein Güssow unterdessen dabei, noch einige versiegelte Pakete auf verschiedene Plätze zu verteilen. Darin waren die Geschenke enthalten, welche die Mädchen sich untereinander bescherten. Der Name der Empfängerin war darauf geschrieben, die Geberin musste erraten werden. Fräulein Raimar stand neben dem Gärtner, der eifrig beschäftigt war die angekommenen Kisten zu öffnen. Die Deckel wurden lose wieder darauf gelegt, denn das Auspacken besorgten die Empfängerinnen selbst.

Nur mit Lilli wurde eine Ausnahme gemacht, Fräulein Raimar packte deren Kiste aus und schüttelte dabei den Kopf.

»Sehen Sie nur den Tand, liebe Freundin«, sagte sie. »Nicht ein vernünftiges Stück finde ich dabei. Zwei weiße Kleider, so kurz, aber schön gestickt, hier eine breite rosafarbene Atlasschärpe, ein kleiner Hermelinmuff, ein Paar feine Saffianstiefel und eine Puppe im Ballstaat. Und viele Süßigkeiten – das ist alles! Warme Strümpfe und eine warme Decke, um die ich so sehr gebeten und die dem Kinde so nötig sind – sie fehlen ganz.«

»Hier scheint ein Brief für Sie zu sein«, sagte Fräulein Güssow und hob ein duftiges rosafarbenes Billett von der Erde auf, das irgendwo herausgefallen sein musste. Es war an die Vorsteherin gerichtet:

Ich ersuche Sie freundlich, meiner Lilli die Kleinigkeiten unter den Baum zu legen. Hoffentlich ist das liebe Herzl recht ge-

sund. Nun hab ich halt nit nötig mich zu sorgen, weiß ich doch das goldene Fischel in so gute Händ! – Wollen Strümpf und a Jackerl hab i halt nit mitgeschickt, i wünsch das Kind nit zu verwöhnen. Es soll immer a weiß Kleiderl anziehn – Hals frei und Arme frei –, so ist sie's gewohnt und dabei möcht ich's halt lassen.
Geben Sie mein Herzblatterl tausend Schmatzerl, und dass es die Mama nie vergisst!
Mit dankbaren Grüßen verbleib ich
Ihre ergebene Toni Lubauer

»Weiße Kleider und dünne Strümpfe!«, wiederholte Fräulein Raimar kopfschüttelnd. »Es ist gut, dass wir für einiges gesorgt haben, ich könnte es nicht vor mir selbst verantworten, das kleine Ding so durchsichtig und wenig bekleidet zu sehen.«
Die junge Lehrerin stimmte bei und warf einen recht befriedigten Blick auf all die schönen und nützlichen Sachen, die auf Lillis Tischchen aufgebaut lagen.
Der Gärtner war mit seiner Arbeit fertig und hatte das Zimmer verlassen. Die Damen zündeten die Lichter des Baumes an, und als auch das geschehen war, ergriff die Vorsteherin eine silberne Klingel und läutete.
Sofort flogen die Flügeltüren auf und die junge Schar stürmte herein.
Einen Augenblick standen die Mädchen wie geblendet da. Lilli besonders war wie gebannt und hielt Ilses Hand krampfhaft fest.
»Komm«, redete Fräulein Raimar sie an, »ich will dich an deinen Tisch führen, du bist ja ganz stumm geworden.«
Als das Kind vor seiner Bescherung stand, kehrte seine Lebhaftigkeit zurück.
»Die schöne Puppe!«, rief es entzückt und schlug die

Händchen zusammen. »Die ist aber halt zu schön! Meine alte Lori ist lang nit so süß! Und ein Strohhüterl hat sie auf – ach Gotterl! Und die langen Zopferl! Und ein Schultascherl trägt sie am Arm! Bitt schön, Fräulein, darf ich sie in die Hand nehmen? Ich möcht sie ganz nah anschaun! Bitt schön, erlaube mir's!«

Fräulein Raimar erfüllte gern die Bitte des Kindes, das behutsam sein Püppchen in den Arm nahm.

»Sie kann die Augerl schließen!«, fuhr es fort. »Schau, Fräulein, sie will schlafen!« Das Kind war ganz außer sich vor Entzücken bei dieser Entdeckung und hielt sein Plappermäulchen nicht einen Augenblick still. »Meine Lori hat die Äugerl immer auf, sie kann nit schlafen, nit wahr, Fräulein? Die ist dumm, lang nicht so gescheit wie diese. – Hast du mir die Puppe geschenkt, Fräulein?«

»Nein«, entgegnete diese. »Ilse und Nellie haben sie dir angezogen. Aber sieh mal, hier hast du noch eine Puppe, die hat dir deine Mama geschenkt.«

Kaum einen Blick hatte sie für die kostbare Balldame. »Die ist mir zu geputzt«, sagte sie, »die kann ich doch nit in das Bett legen! Die kann mein Kind nit sein!« Und mit der Puppe im Arme lief sie zu Ilse, um sich zu bedanken.

Diese aber packte ihre Kiste aus und hatte keine Zeit, an etwas anderes zu denken. »Später, Liebling«, sagte sie und fertigte die Kleine mit einem flüchtigen Kuss ab. Soeben hielt sie einen prächtigen rosafarbenen Wollstoff in der Hand und Nellie stand neben ihr und bewunderte ihn lebhaft.

»Oh, wie süß!«, rief sie. »Wie von Spinnweb so fein! Und wie er dir kleidet«, fuhr sie fort und hielt den Stoff der Freundin an. »Das wird ein schön Tanzstundenkleid! Du wirst dir wie eine Fee darin machen!«

Ilse aber war gar nicht so recht vergnügt über das kostbare

Geschenk. Enttäuschung malte sich in ihren Zügen. Warum mochten die Eltern ihre Bitte nicht berücksichtigt, ja nicht einmal eine Antwort darauf gegeben haben? Und Nellie war so gut – so neidlos teilte sie ihre Freude!
So ähnlich mochte auch Fräulein Güssow denken, die näher getreten war. Sie legte den Arm um Nellies Schulter und fragte: »Warum packst du nicht deine eigene Kiste aus?«
»Meine Kiste?«, wiederholte Nellie. »Oh, Fräulein, Sie spaßen! Für mir gibt es das nicht!«
Ilse horchte auf.
»Wer weiß!«, fuhr Fräulein Güssow mit einem geheimnisvollen Lächeln fort, »sieh einmal nach, vielleicht hat eine gütige Fee dir etwas beschert.«
Ilse erhob sich schnell aus ihrer knienden Stellung und nahm die Freundin unter den Arm. »Komm«, sagte sie, »wir wollen suchen.«
Kiste an Kiste stand da in der Reihe, jede indes war bereits in Besitz genommen. Ilses Blick flog voraus. Sie hatte am Ende des Saales eine herrenlose Kiste entdeckt, zu der sie Nellie zog. Und richtig, da stand mit großen Buchstaben auf dem Deckel: »An Miss Nellie Grey«.
»Oh, was ist dies?«, rief Nellie überrascht und ihre Wangen röteten sich. »Wer hat an mir gedacht? Ist es gewiss für mir?«
»Ja, sie ist wirklich für dich«, versicherte Ilse strahlend, denn nun empfand sie erst die echte Weihnachtsfreude, »nimm nur den Deckel hoch.«
Immer noch etwas zögernd, folgte Nellie dieser Aufforderung. Welche Überraschung! Da lag obenauf ein gleicher Stoff in Blassblau wie der rosafarbene, den sie soeben bei Ilse bewundert hatte.
Und wie sie nun jede ihre eigene Kiste weiter auspackten, da hielten sie sich jubelnd stets die gleichen Herrlichkeiten entge-

gen. Bald war es eine gestickte Schürze, dann kamen farbige Strümpfe an die Reihe, Handschuhe, sogar die Korallenkette, die schon lange ein sehnlicher Wunsch Ilses war, fehlte bei Nellies Bescherung nicht. Auch die vielen Leckereien waren gleichmäßig verteilt.
Ilse hatte in einem Karton mit Briefpapier einen langen, zärtlichen Brief der Eltern gefunden, und als Nellie den ihrigen öffnete, lag auch für sie ein kleines Briefchen darin.

Meine liebe Nellie, schrieb Ilses Mama, *ich darf Sie doch so nennen als meiner Ilse liebste Freundin? Mein Mann und ich möchten Ihnen so gern einen kleinen Beweis geben, wie dankbar wir Ihnen sind für die Liebe und Freundschaft, die Sie unsrem Kinde stets zuteil werden ließen. Zwei Freundinnen müssen aber auch gleiche Freuden haben – und mit diesem Gedanken bitten wir Sie herzlich, den Inhalt der Kiste freundlich anzunehmen.*
Mit dem aufricht'gen Wunsche, dass Sie auch fernerhin unsrer Ilse eine treue Freundin bleiben mögen, grüßt Sie herzlich
Anne Macket

Nellie fiel Ilse um den Hals und vermochte kein Wort hervorzubringen. Die Rührung schnürte ihr die Kehle zu – Tränen waren seltene Gäste bei unsrer Nellie.
»Dein Mutter ist ein Engel!«, brachte sie endlich heraus. »Wie soll ich sie für alles danken?«
»Ja, meine Mama ist sehr gut!«, bestätigte Ilse und zum ersten Mal stieg ein warmes, zärtliches Gefühl für diese in ihrem Herzen auf.
Für sentimentale Stimmungen waren Ilse und Nellie indes nicht angetan, und als erstere der Freundin ein Stück Marzipan in den Mund steckte, war es mit der Rührung zu Ende! Mit

Tränen in den Augen verzehrte es Nellie und dieser Anblick kam Ilse so possierlich vor, dass sie lachen musste – und natürlich stimmte Nellie ein.

»Seid ihr fertig, Kinder? Habt ihr alle eure Kisten ausgepackt?«, rief Fräulein Raimar und unterbrach das Gewirr von Stimmen, das laut und lebhaft durcheinander klang.

»Ja, ja!«, rief es zurück und die Vorsteherin blickte in lauter freudig erregte und zufriedene Gesichter.

Nachdem die Geschenke der Eltern auf eine leere Tafel aufgebaut worden waren und die Mädchen auch diejenigen der Lehrerinnen in Empfang genommen hatten, kamen endlich die versiegelten und verpackten Überraschungen an die Reihe.

Da kamen denn allerhand drollige Dinge zum Vorschein und der Jubel und das Lachen wollten kein Ende nehmen.

Flora hatte soeben einen langen, blauen Strumpf aus zahllosen Papieren herausgewickelt und hielt ihn hoch in der Hand. Etwas verwundert drehte sie diese wunderbare Gabe nach allen Seiten, die ironische Anspielung fiel ihr nicht sogleich ein.

»Ein Strumpf?«, fragte sie. »Was soll ich damit?«

»Er ist dein Wappen, lieber Blaustrumpf«, belehrte sie Orla. »Die Idee ist wirklich famos!«

»Er ist von dir!«, beschuldigte sie Flora.

»Leider nein«, entgegnete Orla.

Annemie lachte so laut und herzhaft, dass sie sich als Geberin verriet.

»Bist du mir böse, Flora?«, fragte sie gutmütig.

Sonderbare Frage! Ganz im Gegenteil, Flora fühlte sich höchst geschmeichelt, dass man sie zu den Blaustrümpfen zählte. Der gestickte Schlips, den Annemie in dem Strumpf versteckt hatte, erfreute sie nicht halb so wie die dichterische Anerkennung. In bester Stimmung löste sie jetzt den Bindfa-

den von einem Pappkasten. Auf dem Deckel war ein Weinglas gemalt und mit großen Buchstaben stand »Vorsicht« daneben geschrieben.
Ganz behutsam nahm sie denn auch den Deckel ab, warf die Papierschnitzel heraus und fand in feines Seidenpapier eingeschlagen ein zerbrochenes Biskuitherz!
»Wie abscheulich von dir, Nellie!«, rief sie gekränkt und wandte sich sofort an die richtige Adresse. Das Herz warf sie achtlos beiseite.
»Nicht so hitzig, Flora«, rief Grete. »Sieh doch das zerbrochene Herz erst näher an.«
Zögernd entschloss sie sich dazu, und als sie ein reizendes kleines Toilettenkissen entdeckte, söhnte sie sich wieder mit Nellie aus.
Aber nicht Flora allein, auch all die Übrigen mussten manche kleine Neckerei in Kauf nehmen.
Nellie stand vor einem großen Berg von Esswaren, die sie aus ihren Paketen, in welchen sie außer einem kleinen Geschenke immer noch nebenbei allerhand Süßigkeiten fand, herausgewickelt hatte.
Sie lachte und fragte, ob sie ein so hungriges Mädchen sei. »Oh, da ist ja noch ein Paket«, fuhr sie fort. »Was für ein leckerer Bissen wird wohl darin sein?«
Aber sie irrte sich. Diesmal kam ein Buch zum Vorschein, und als sie es aufschlug, las sie auf dem Titelblatt: »Deutsche Grammatik«. Ein Blatt Papier mit einem kleinen Gedichte lag dabei. Nellie las es vor.

»Lerne fleißig die deutsche Sprache –
Willst du begreifen holde Poesie.
Dies Buch ist einer Verkannten Rache,
Die du verstanden hast noch nie!«

»Flora!«, rief Nellie. »Du hast mir mit deine edle Rache sehr beschämt! Ich werde lernen aus dieser Buch und dir verstehen! Komm, gib dein Hand, ich verspreche dich, dass ich nie wieder deine holde Poesie auslachen will, und wenn sie voll lauter zerbrochene Herzen ist.«
Orla hatte unter anderem einen Klemmer erhalten und – oh Schreck – auch ein Etui mit Zigaretten. Fräulein Raimar stand neben ihr und sah das verräterische Ding.
»Was ist denn das?«, fragte sie. »Ich will nicht hoffen, Orla, dass du rauchst!«
Die Angeredete schwieg und senkte die Augen. Der Tadel traf die Wahrheit, denn sie hatte wirklich manchmal im Verborgenen eine Zigarette geraucht. War es doch in ihrer Heimat nichts Auffallendes, wenn eine Dame sich ein kleines Rauchvergnügen machte. Aber – mit einiger Überwindung reichte sie der Vorsteherin die Zigaretten.
»Bitte, bewahren Sie mir diese auf«, bat sie und lächelnd fügte sie hinzu: »Damit ich nicht in Versuchung komme . . .«
Melanie liebäugelte mit einem zierlichen Handspiegel. Sie freute sich sehr darüber und lachte ihr eigenes Bild glücklich an.
Grete blickte ihr über die Schulter. »Das ist eine Anspielung auf deine Eitelkeit, Melanie! Ich habe nichts bekommen, was mich ärgern oder wodurch ich mich getroffen fühlen könnte!«
»Nun glaubst du dich wohl fehlerfrei, liebe Grete!«, spottete Melanie. »Bilde dir das ja nicht ein, liebes Kind, du bist noch längst kein vollkommenes Wesen. Es gibt sehr vieles an dir auszusetzen!«
Und als ob ihre Worte sofort in Erfüllung gehen sollten, rief Fräulein Güssow: »Grete, da steht noch eine vergessene Schachtel auf deinem Platze! Du hattest Papier darauf geworfen und wirst sie deshalb übersehen haben!«
Vergnügt und erwartungsvoll öffnete Gretchen die Schachtel.

O weh! Als sie den Deckel abhob, lachte ein glänzendes, zierlich gearbeitetes Vorlegeschloss sie boshaft an.
»Das ist eine Anspielung für dich, teures Plappermäulchen!«, rief Melanie mit schwesterlicher Schadenfreude und hielt das Schloss an Gretes Lippen. »So, damit du in Zukunft hübsch schweigst und nicht so vorlaut bist.«
Unwillig wandte Grete sich ab. Sie war wenig erbaut von der Überraschung. Sie warf das Schloss wieder in die Schachtel, schloss den Deckel und verriet durch ihre Empfindlichkeit, wie sehr sie sich getroffen fühlte ...
Ilse hatte aus einer mächtigen Kiste, die bis oben hin mit Heu gefüllt war, einen Hund herausgeholt. Keinen lebendigen, o nein! Es war nur einer aus Pappe. Braun sah er aus und er hatte weiße Pfötchen. Um den Hals trug er einen Zettel am roten Bande, auf welchem mit großen Buchstaben »Bob« geschrieben stand.
»Orla!«, erriet Ilse sofort. Diese hatte sie oft genug mit ihrem Hunde aufgezogen. Es kam ihr jetzt selbst recht lächerlich vor, wenn sie sich ihren Einzug in der Pension mit Bob auf dem Arme ausmalte. Es gab aber noch eine Überraschung, bei der sie fast erschrak. In einem reizenden Arbeitskorbe fand sie mehrere Äpfel von Marzipan.
Nellie stand neben Ilse und flüsterte ihr zu: »Diese sind Äpfel von der Baum – weißt du noch?«
Als die Angeredete ängstlich zur Seite blickte, fuhr sie beruhigend fort: »Du darfst nicht Angst haben, niemand hört uns.«
Sie hatte Recht. Die Aufmerksamkeit aller war auf einen Vogelbauer gerichtet, in welchem eine lebendige Lachtaube saß. Annemie hielt sie höchst angenehm überrascht in der Hand.
»Nun könnt ihr um die Wette lachen«, scherzte die Vorstehe-

rin, »denn das Täubchen darfst du behalten. Aber vergiss niemals, Annemie, dass du das Tierchen regelmäßig füttern musst, hörst du?«
So erhielt eine jede ihre scherzhafte Rüge – nur Rosi nicht. Die Mädchen hatten sich den Kopf zerbrochen, um einen Tadel an ihr zu entdecken, aber zu ihrem Bedauern hatten sie keinen gefunden. »Ganz ohne darf sie nicht davonkommen«, erklärte Nellie und hatte ein Bilderbuch gekauft, auf dessen Titelblatt in goldenen Buchstaben drei Worte glänzten: »Für artige Kinder.« »Dies passt sehr für ihr«, sagte sie und die übrigen Mädchen stimmten zu.
Rosi nahm das Buch, lächelte und legte es beiseite. Sie konnte nicht so recht begreifen, was es bedeuten sollte . . .
Nachdem die Bescherung zu Ende war, wurde der Tee eingenommen und kurze Zeit darauf zur Ruhe gegangen. Lilli fiel es schwer, sich von ihren schönen Sachen zu trennen. Sie wollte nicht zu Bett gehen, aber der Sandmann kam und streute ihr den Schlaf in die Augen. Schlafend wurde sie entkleidet und in ihr Bett, das in Fräulein Güssows Zimmer stand, getragen.
Und nun wurde es still und dunkel im Hause. Ob wohl der Baum im nächsten Jahre für alle wieder angezündet wurde, die heute unter ihm versammelt waren?

Bald war alles wieder im alten Geleise. Der Unterricht hatte begonnen und Ilse lernte jetzt mit rechtem Eifer. Schon längst war ihr das Arbeiten keine Last mehr. Das Zeichnen machte ihr besondere Freude, und seitdem der Papa so glücklich über die ihm geschenkte Rose geschrieben hatte, strebte sie danach, auch das zu erreichen, was dieser in seiner Liebe zu ihr schon erreicht hatte. Er hielt sie bereits für eine Künstlerin und mit Stolz hatte er ihr geschrieben, dass er die Rose habe einrahmen lassen und dass sie nun über seinem Schreibtisch hänge. Ilse war gar nicht damit einverstanden, wusste sie doch genau, wie der zärtliche Papa jeden Besuch, der zu ihm kam, zu ihrem schwachen Erstlingswerk führen werde.
Auch die Mama war hoch erfreut über Ilses Weihnachtsgeschenke gewesen. Sie gaben ein glänzendes Zeugnis von deren Fortschritten und einer Ausdauer, die der Wildfang bis dahin nicht gekannt hatte. Die größte Freude indes hatte sie an Ilses Dankesbrief gehabt. Es war das erste Mal, dass sie in so herzlich warmer Weise das Wort an sie richtete, und Frau Annes Augen füllten sich mit Tränen freudiger Rührung. Sie war sich jetzt sicher, dass die Zukunft ihr Ilses volle Liebe bringen werde.

Die längst ersehnten Tanzstunden hatten bereits vor vierzehn Tagen begonnen und brachten etwas Abwechslung in das gleichförmige Pensionsleben. Zweimal in der Woche kam von sechs bis acht Uhr abends der Tanzlehrer mit einer Geige und unterrichtete im großen Saale. Nicht alle Mädchen fanden daran Spaß.
»Es ist ein furchtbar langweiliges Vergnügen, diese Hüpferei«, äußerte Melanie auf einem Spaziergange zu Flora. »Wozu diese Schritte – diese Verbeugungen? Wir können doch alle schon tanzen, und wie wir uns zu verbeugen haben und grüßen

müssen, das wissen wir doch erst recht! Wir sind doch erwachsene Mädchen!«

»Ach!«, seufzte Flora und ein schwärmerischer Blick glitt seitwärts über den spiegelglatten Teich zu den Schlittschuh laufenden Gymnasiasten hinüber. »Ach! Das mag ja alles noch angehen. Das Fürchterlichste ist doch, dass wir zwei volle Monate ohne Herren tanzen müssen!«

»Wie furchtbar öde!« Melanie war geradezu entrüstet. »Man behandelt uns wahrhaftig mit puritanischer Strenge! Ohne Männer! Es ist kaum zu glauben!«

»Ja, mit puritanischer Strenge!«, wiederholte Flora, der dies Wort außerordentlich gefiel. »Ich begreife nicht, warum uns der Verkehr mit den jungen Männern so lange untersagt wird. Man behandelt uns eben wie Kinder!«

Die »furchtbar öden« Monate gingen indessen auch zu Ende und Fräulein Raimar schickte Einladungen aus an junge, wohlerzogene Herren, die das Gymnasium besuchten, und ersuchte sie die letzten vier Wochen an dem Tanzunterricht teilzunehmen.

Mit welcher Freude diese Einladungen begrüßt wurden, kann man sich denken. Die jungen Leute schätzten es als besondere Ehre, zu den Tanzabenden in der Pension zugezogen zu werden. Diesmal brannten sie besonders darauf, weil sie behaupteten, dass noch niemals so hübsche Mädchen in dem Institute gewesen seien. Sie kannten diese vom Ansehen sehr genau, denn wenn irgend möglich, suchten sie ihnen auf den Spaziergängen zu begegnen. Nun sollten sie mit ihnen tanzen, sich mit ihnen unterhalten dürfen.

»Ihr werdet heute Abend zum ersten Male mit Herren tanzen, Kinder«, kündigte Fräulein Raimar eines Mittwochs bei der Mittagstafel an. Und als sie bemerkte, wie vergnügt die meisten diese frohe Botschaft entgegennahmen, fügte sie hinzu: »Ich hoffe, dass ihr euch nicht zu lebhaft mit den jungen Leuten unterhalten werdet! Vergesst nicht, dass sie nur des Tanzes, nicht der Unterhaltung wegen da sind!«

Annemie kamen diese Ermahnungen so komisch vor, dass sie zu kichern anfing. Ein strafender Blick traf sie dafür.

»Für dich sind meine Worte besonders gesprochen, Annemie«, setzte die Vorsteherin hinzu. »Ich fürchte, du wirst durch dein albernes Lachen auffallen. Hüte dich davor! Und dich, Grete, ermahne ich ernstlich, nicht so viel zu schwatzen. Überlege erst, was du sagen willst, damit kein Unsinn herauskommt.«

So und in ähnlicher Weise warnte und ermahnte sie ihre jungen Zöglinge, die in ihrer erwartungsvollen Aufregung heute nur mit halbem Ohr zuhörten. Viel wichtiger erschien ihnen die Frage »Was werdet ihr heute Abend anziehen? Womit werdet ihr euch schmücken?«.

Sie hatten auch kaum das Speisezimmer verlassen, als sie die Treppen hinaufstürmten, um in Orlas und der Schwestern Zimmer eine große Beratung zu halten.

Melanie holte einen großen Pappkasten hervor und fing an Blumen und Bänder herauszukramen. Sie hatte sich vor den Spiegel gestellt und hielt eine Rose in ihr schönes blondes Haar. »Wie findet ihr diese Rose?«, sagte sie. »Bitte, seht doch einmal! Kümmert sich denn kein Mensch um mich?«, rief sie laut und ungeduldig den durcheinander Schwatzenden zu und stampfte etwas mit dem Fuße auf.

»Sie steht dir gut, Melanie«, antwortete Rosi, die eben erst eingetreten war und die letzten Worte hörte. An ihre eigene Toilette dachte sie nicht. »Das dunkle Rot in deinem blonden Haar sieht prächtig aus!«

»Du hast nicht viel Geschmack, liebste Rosi. Nimm mir nicht übel, dass ich es dir freiheraus sage«, fertigte Melanie die Ärmste ab. »Orla, bitte, gib du dein Urteil ab.«

»Die dunkle Rose ist zu grell«, entschied diese. »Zu deinem Haar passt eine blassrote besser. Übrigens, was willst du denn anziehen? Das ist doch am Ende die Hauptsache und danach musst du die Blumen wählen.«
»Mein blaues Batistkleid, denke ich.«
»Dein bestes Kleid!«, rief die vorlaute Grete erstaunt. »Gut, dann ziehe ich mein geblümtes an!«
Gerade wie die Verhandlungen am lautesten waren, öffnete sich die Tür und Fräulein Güssow trat ein.
»Fräulein Raimar lässt euch sagen, ihr möchtet heute Abend eure Sonntagskleider tragen«, verkündete sie.
»Oh . . .!« Lang gedehnt und unzufrieden kam es über Melanies Lippen. »Oh, Fräulein Güssow, die alten, dunklen Kleider! Die hellen sind so viel besser!«
Aber es blieb bei den Wollkleidern.
Gegen das Machtwort der Vorsteherin war Widerstand zwecklos.
Bevor sie in den Tanzsaal hinuntergingen, fanden sich die Mädchen noch einmal bei Orla ein. Diese musterte erst deren Kleidung, besserte hier und dort etwas aus und verstand es, durch eine Kleinigkeit dem einfachsten Anzug einen netten Anstrich zu geben.
Daraufhin verließen die Mädchen das Zimmer und stiegen die Treppe hinunter.
»Orla ist doch die Eleganteste von uns«, bemerkte Melanie nicht ohne einen Anflug von Neid zu Nellie und musterte die vor ihr Gehende, die allerdings in der blauen Samttaille und einem gleichfarbig seidenen Rock höchst vornehm erschien.
»Freilich, in Samt und Seide kleiden mich meine Eltern nicht, so reich sind wir nicht.«
»Tut nix!«, erwiderte Nellie. »Man muss mit weniges auch zufrieden sein!«

»Bitte, bitte – wartet einen Augenblick!«, rief es plötzlich hinter ihnen.
Annemie war es, die ihnen voller Eile nachgelaufen kam. »Ich bin noch nicht ganz fertig«, fuhr sie atemlos fort, »ich kann nichts dafür. Als ich mein Kleid überzog, ist irgendwo ein Band gerissen. Nun hängt der eine Zipfel vom Überwurf bis auf die Erde. Bitte, seht einmal nach!«
Alle waren stehen geblieben und betrachteten Annemie. Praktisch wie immer, untersuchte Nellie gleich, wo der Schaden saß. »Komm her«, sagte sie, »ich werde dir ausbessern. Aber ein Nadel und Faden muss ich haben, dann nähe ich dir gleich mit weniger Stich in Ordnung.«
»Sei nicht umständlich«, meinte Flora. »Hier hast du eine Stecknadel, damit wirst du es ebenso gut machen können. Wie oft habe ich mir schon ein Band oder einen kleinen Riss schnell mit der Nadel festgesteckt!«
Aber davon wollte die Engländerin nichts wissen. Sie nahm Annemie mit in ihr Zimmer und nähte die wenigen Stiche.
»Bitte, liebe, gute Nellie, mir ist hier am Ärmel ein Endchen Spitze abgerissen, willst du mir nicht die gleich annähen? Du bist auch ein Engel!«
Nellie brachte auch diesen Schaden in Ordnung. Die übrigen Mädchen hatten an der Treppe gewartet. Jetzt gingen alle zusammen hinunter, doch an der Tür des Saales blieben sie stehen. Sie hatten mit einem Male keinen Mut hineinzugehen.
»Ich höre Stimmen«, sagte Orla gedämpft. »Ich glaube, die Herren sind schon da.« Sie legte das Ohr an die Tür und horchte. »Wirklich, sie sind da!«, bestätigte sie.
»Lass mich durchs Schlüsselloch sehen, Orla«, bat die neugierige Flora und schob die Erstere leicht beiseite.
Als sie den Kopf nach vorne neigte, packte Grete der Übermut. Sie gab Flora einen Stoß, sodass diese mit dem Haupte gegen

die Tür flog. Das war ein Schreck! Wie der Wind flogen alle bis an das andre Ende des Vorsaals. »Wenn Fräulein Raimar das Geräusch gehört hat, dann sind wir einfach furchtbar blamiert«, erklärte Melanie und schalt Grete albern und ungezogen.
»Du bist ein Tollpatsch, Grete, und im höchsten Grade ungebildet!«, sagte Flora entrüstet und Annemie lachte, dass ihr die Tränen über die Wangen liefen.
»Sei mir nicht böse, dass ich dich auslache, Flora«, sagte diese, »aber ich kann nicht anders. Du sahst zu komisch aus und machtest ein so entsetztes Gesicht, als du mit deinem griechisch frisierten Kopfe gegen die Tür geflogen bist.«
Fräulein Raimar hatte tatsächlich das Klopfen an der Tür vernommen. Sie öffnete, und als sie die Mädchen stehen sah, rief sie ihnen zu sich zu beeilen. Diese stießen sich untereinander an und stritten sich leise, wer die Erste sein solle.
»Du musst vorangehen, Orla, du bist die Älteste«, flüsterte Ilse.
»Ich bin die Jüngste, ich komme zuletzt!«, rief Grete, die sonst immer mit ihrem Munde die Erste war.
»Lass mich die Letzte sein, Grete«, bat Annemie, »ich habe mich noch nicht ausgelacht.«
Rosi war die Verständigste, wie immer. »Komm, Orla«, sagte sie, »wir dürfen Fräulein Raimar nicht warten lassen. Wir benehmen uns überhaupt höchst kindisch, finde ich. An allem ist Gretes Albernheit schuld.«
Das gute Beispiel der beiden Ältesten wirkte wohltuend auf die Übrigen. Sie nahmen sich zusammen und gingen ruhig und ernst in den Saal.
»Meine Damen, erlauben Sie, dass ich Ihnen die Herren vorstelle.« Mit diesen Worten empfing sie der Tanzlehrer. Es folgten Verbeugungen auf beiden Seiten.
Flora war selig. Sie hatte unter den jungen Männern einen

Primaner erkannt, für den sie längst im Geheimen schwärmte. Erst kürzlich hatte sie ihn als Apoll in Jamben besungen.
Fräulein Güssow stand neben der Vorsteherin und hatte ihre Freude an den Mädchen, besonders an Ilse. Frei und fröhlich blickte diese mit den großen Kinderaugen in die Welt und schien die glückliche Frage auszusprechen: »Liebe Welt, bist du immer so schön?«
Flora und Melanie standen beisammen und machten ihre Bemerkungen über die Herren, zu denen sie verstohlen hinüberschielten. Natürlich gaben sie sich den Anschein, als ob sie sich gar nicht um diese kümmerten.
Orla war aufrichtiger. Sie hatte den Klemmer auf die Nase gesetzt und betrachtete die Jünglinge ganz ungeniert. Später erhielt sie dafür einen Tadel von der Vorsteherin.
Grete und Annemie hatten sich in eine Fensternische gesetzt und kicherten und schwatzten das dümmste Zeug. Sogar Nellie war nicht ganz frei von Gefallsucht. Sie hatte sich so zu setzen gewusst, dass ihr kleiner, schmaler Fuß im Goldkäferstiefel wie absichtslos unter ihrem Kleide hervorsah. Rosi hingegen war weder kokett noch empfand sie die geringste Erregung. Ruhig und freundlich wie immer saß sie da und hielt sich so tadellos gerade, dass sie auch in der Tanzstunde das Musterkind der Gruppe war.
»Anfangen!«, rief der Tanzlehrer und klatschte in die Hände. Und das Orchester, das aus einem Klavier und einer Geige bestand, begann.
»Bitte, die Herren, sich zu engagieren!«, kommandierte der Tanzlehrer, und, wie von einem Zauberstabe berührt, stürzten die tanzlustigen Jünglinge auf die Dame zu, die sich ein jeder bereits still und verschwiegen als Ziel seiner Wünsche ausgesucht hatte.
Vor der blonden Melanie verbeugten sich zugleich drei Herren.

Welch ein Triumph! Leider konnte sie nicht mit allen dreien auf einmal tanzen und musste sich mit der Genugtuung begnügen, dass alle Anwesenden diese Auszeichnung bemerkt hatten. Flora und Grete hingegen mussten die schmerzliche Erfahrung machen, dass die Verschmähten zu ihnen kamen, um sie zu erlösen. Sie waren von all den jungen Damen die allein übrig Gebliebenen. Flora fühlte sich besonders tief gekränkt und mit neidischen Blicken folgte sie Ilse, die eben mit »Apoll« an ihr vorüberwalzte.

Recht lebhaft war die Unterhaltung am ersten Herrenabend nicht. Die Gegenwart der Vorsteherin, ihre beobachtenden Blicke erlegten einigen Zwang auf. Nellie, die sich sehr zusammennahm, um ja keinen Sprachfehler zu machen, war ganz besonders schweigsam und einige Male, als sie angeredet wurde und sich recht gewählt ausdrücken wollte, sagte sie die drolligsten Dinge.

Ein junger Mann erzählte ihr, dass er in einigen Jahren, wenn er ausstudiert habe, nach England gehen werde. »Werden Sie dort verständig sein?«, fragte sie. – Ein andrer fragte, ob sie gern in Deutschland weile. »O ja, ich bin ganz verliebt in der Deutsche!«, gab sie freudig zur Antwort.

Aber Nellie konnte nicht wirklich missverstanden werden. Ihre kindliche Naivität nahm sofort alle Herzen für sie ein. Die jungen Herren waren denn auch sämtlich entzückt von der jungen Engländerin, und da sie obendrein sehr gut tanzte, wurde sie bald zum allgemeinen Liebling auserkoren.

Grete fiel es äußerst schwer, die Zurückhaltende zu spielen. Verschiedene Male fiel sie aus der Rolle. Einmal ertappte Orla, die gerade hinter ihr stand, sie bei einer argen Indiskretion.

»Wie heißt die junge Dame mit den Locken?«, wurde sie von ihrem Tanzherrn gefragt.

»Das ist Ilse Macket«, gab Grete schnell zur Antwort. Und

dann fing sie an ausführlich über dieselbe zu berichten. »Sie ist erst seit Juli hier«, fuhr sie fort und ihr Mund ging wie eine Plappermühle. »Ihr Vater hat sie hierher gebracht. Sie ist nämlich von weit her, aus Pommern, und, denken Sie sich, sie hatte ihren Hund mitgebracht und wollte ihn durchaus mit in die Pension nehmen! Natürlich erlaubte Fräulein Raimar es ihr nicht. Ach, und ungeschickt war sie! Kein Mensch kann sich davon einen Begriff machen. Einmal hat sie einen ganzen Stoß Teller...«
»Grete«, unterbrach Orla ihren Redefluss, »du verlierst eine Nadel. Tritt einen Augenblick mit mir zur Seite, damit ich sie wieder befestige.«
»Wie ungezogen, wie abscheulich von dir!«, schalt Orla, indem sie sich scheinbar an Gretes Kragen zu schaffen machte. »Warum blamierst du Ilse so? Du siehst den Herrn heute zum ersten Male und machst ihn sofort zum Mitwisser unsrer Pensionsgeheimnisse!«
Grete erschrak. Daran hatte sie gar nicht gedacht! Die Schwatzhaftigkeit war wieder einmal mit ihr durchgegangen und hatte ihr einen bösen Streich gespielt. Sie fasste den festen Entschluss, in Zukunft vorsichtiger zu sein. Aber es fiel ihr so schwer, ihre Zunge zu zügeln!

In den folgenden Wochen achtete Fräulein Raimar streng darauf, dass außer den Tanzstunden nicht die geringste Annäherung mit den Herren stattfand. In diesem Punkte kannte sie keine Nachsicht. Schon im höchsten Grade unangenehm war es ihr, dass die jungen Männer sich herausnahmen ihre täglichen Spaziergänge mit den Zöglingen zu durchkreuzen und grüßend an ihnen vorüberzuschreiten. Es war ihr geradezu unbegreiflich, wie sie es herausbrachten, welchen Weg sie wählte. Denn wenn sie ihre junge Schar heute durch den Park – morgen in dieses Tal – übermorgen über jenen Berg führte – immer konnte sie überzeugt sein die roten Primanermützen auftauchen zu sehen. Sie konnte ihnen nicht entgehen. Die Lösung dieses Rätsels war einfach genug: Der Verrat wurde durch die Tagesschülerinnen ausgeführt. Sie waren die Vermittlerinnen zwischen ihren Brüdern, Vettern oder Bekannten und den Pensionärinnen. Sie schmuggelten Grüße, Gedichte, sogar Fotografien ein. Und Flora benutzte diesen Weg, ihr Album den Herren zuzusenden mit der Bitte, ein selbst verfasstes Gedicht hineinzuschreiben.

Eines Tages, es war so ziemlich gegen Ende der Tanzstunden, erhielt Nellie nach dem Schulunterricht ein kleines Billett zugesteckt. Sie ging auf ihr Zimmer, wo Ilse anwesend war, und öffnete es.

»Wie albern!«, rief sie hoch errötend aus, als sie die wenigen Zeilen gelesen hatte. »Wie kann der einfältige Mensch sich so dreist gegen mir benehmen! Ich habe ihm nie Ursach zu so großes Dreistigkeit gegeben!« Und sie zerriss die Zeilen.

Ehe noch Ilse ihre Meinung aussprechen konnte, kam Melanie hereingestürzt, strahlend vor Eitelkeit und Freude.

»Kinder!«, rief sie mit ihrer lispelnden Stimme. »Ich muss euch etwas mitteilen! Aber verratet mich nicht! Schwört, dass ihr niemandem etwas sagen werdet! Du auch, Grete«, wandte sie sich an die eintretende Schwester.

Natürlich wartete sie in ihrer Erregung den Schwur gar nicht ab, sondern, geheimnisvoll die Tür verriegelnd, zog sie ein kleines Briefchen aus ihrer Kleidertasche und begann vorzulesen.

Mein gnädiges Fräulein!
Sie würden mich zu dem glücklichsten aller Sterblichen machen, wenn Sie mir ihre Fotografie verehrten! – Meine Bitte ist

kühn, ich weiß es, aber Sie werden mir diese Kühnheit großmütig verzeihen, wenn ich Ihnen gestehe, dass es mein glühendster Wunsch ist, Ihre wunderbar klassischen Züge täglich, stündlich sehen und anbeten zu können.
Darf ich auf Ihre Gnade hoffen?
Georg Breitner

Nellie hatte die Papierstückchen von der Erde aufgenommen und sie auf ihrer Kommode wieder so ziemlich zusammengesetzt. Nun las sie die Zeilen vor. Sie waren von demselben Verfasser und enthielten die gleiche Bitte – nur waren die Worte ein wenig anders gesetzt und er nannte Nellies Züge »liebreizend« anstatt »klassisch«.
Die freudestrahlende Melanie wurde bei dieser Entdeckung recht missmutig. Einen Augenblick lang schwieg sie und sah Nellie an.
»Was tun wir, Nellie?«, fragte sie dann. »Wir können doch Herrn Breitner die Bitte nicht abschlagen!«
»Aber, Melanie!«, rief Ilse ganz erregt. »Du wirst doch wahrhaftig dein Bild nicht an einen Herrn verschenken, der dir eigentlich ganz fremd und noch kein ordentlicher Mann ist! Er will dich zum Narren halten, weiter nichts! Dein Georg Breitner wird dein Bild mit in die Klasse nehmen und die ›Herren‹ Schüler werden es bewundern. Dann bist du furchtbar blamiert.«
»Nellie, du bist ja so still!«, wandte sich Melanie etwas kleinlauter als vorhin an diese. »Sage doch, was wir tun sollen!«
»Oh, gar nix!«, entgegnete diese trocken. »Wir werden tun, als ob wir der dumm Brief nicht bekommen haben.«
»Und wenn er fragt? Was sagen wir dann, Nellie?«
»Oh, auch nix. Wir zucken mit die Schulter und schweigen. Das nennt man in Deutsch: ›Mit Nichtachtung verstrafen‹!«

Einverstanden war Melanie durchaus nicht mit dieser Entscheidung. Sie hätte so gern ihr »klassisches Konterfei« vergeben. Trotzdem beugte sie sich Nellies Vorschlag.
»Ihr habt furchtbar öde Ansichten!«, sagte sie spottend und verließ das Zimmer.

Die Tanzstunden nahten ihrem Ende. Den Schluss und Glanzpunkt bildete alljährlich ein kleiner Ball, und morgen, am Sonnabend, sollte dieser stattfinden.
Zu diesem Anlass wurden noch einige Gäste geladen, das Orchester schwang sich zu einer zweiten Geige auf, dem Tee nebst belegten Butterbroten folgte eine leichte Bowle mit Pfannkuchen und die jungen Mädchen zogen ihre besten Kleider an.
Dafür, dass der große Saal ein festliches Ansehen erhielt, trug wie stets Fräulein Raimar Sorge. Soeben stand sie neben dem Gärtner und ordnete an, wie er die Tannen, die er am Morgen aus dem Walde geholt hatte, mit blühenden Topfgewächsen zu lauschigen Ecken und Plätzen gruppieren solle. Als das geschehen war, musste er Konsolen aus rotem Ton zwischen verschiedenen Wandleuchtern befestigen. Üppige Schlingpflanzen wurden darauf gestellt und fielen anmutig herab. Auch der altmodische Kronleuchter, der wie eine bronzene Schale mit Lichterarmen geformt war, erhielt seinen grünen Schmuck. Es wurde eine Schlingpflanze in die Schale gestellt, sodass die grünen Ranken zwischen den Armen herabfielen. Am Abend, wenn die Kerzen brannten, machte dieser einfache Schmuck einen malerischen Eindruck.

Die jungen Mädchen waren natürlich in großer Aufregung. Es war der erste Ball, der ihnen bevorstand, und dieses wichtige Ereignis nahm all ihre Gedanken in Anspruch. Einige betrachteten wieder und wieder die duftigen Kleider, andere versuchten besondere Haartrachten, wieder andere probierten die Kleider an, der Sicherheit wegen, wie Nellie meinte, die soeben mit Ilse die Weihnachtskleider von der Schneiderin erhalten hatte. Gerade als beide angekleidet dastanden, kam Lilli hereingejubelt.

»Ich geh mit auf euren Ball!«, rief sie. »Das Fräulein hat es mir erlaubt. Und mein neues, weißes Kleiderl zieh ich an und die rote Atlasschärpe bind ich um – und ich darf halt mittanzen! Ich freu mich halt zu sehr auf morgen!«

Und sie fasste mit beiden Händchen an ihre Schürze und tanzte zierlich und graziös durch das Zimmer.

Es war schon ziemlich dunkel und die Kleine hatte nicht bemerkt, wie herausgeputzt Nellie und Ilse waren. Als Nellie jedoch das Licht anzündete, blieb sie plötzlich überrascht stehen und sah erstaunt von einer zur andern.

»Wie schön schaut ihr aus!«, rief sie bewundernd und mit gefalteten Händen und fast andächtig sah sie die beiden Mädchen an.

»Weißt, Ilse«, fuhr sie lebhaft fort, »du schaust aus grad wie des Kaisers Tochter! Ich führ dich morgen in den Saal – bitt schön.«

Ilse nahm ihren Liebling zärtlich in den Arm und küsste ihn herzhaft auf den Mund. »Du bist ja so heiß, Lilli«, sagte sie und befühlte Stirn und Wange des Kindes. »Fehlt dir etwas?«

»Der Kopf tut mir halt a bisserl weh«, entgegnete Lilli, »aber gar nit viel – gewiss nit«, beteuerte sie, als Ilse sie besorgt ansah. »Morgen tut er nit mehr weh – morgen geh ich ganz gewiss auf den Ball! Du gehst auch mit«, sagte sie zu ihrer Puppe, die nach ihrer Geberin Ilse getauft wurde. »Aber artig musst halt sein, sonst wirst in dein Bett gesteckt!«

Am andern Morgen lag Lilli heftig fiebernd in ihrem Bette. Der herbeigerufene Arzt machte ein ernstes Gesicht. »Sie hat starkes Fieber«, sagte er und verordnete Eisumschläge auf den Kopf, die jede halbe Stunde gewechselt werden mussten. Das lebhafte Kind lag still und teilnahmslos.
Fräulein Güssow saß recht sorgenvoll an Lillis Bett, die eben etwas eingeschlummert war. Die Vorsteherin beruhigte sie und meinte, dass Lillis ganze Krankheit ein heftiges Schnupfenfieber sein werde, sie habe bei Kindern oftmals ähnliche Fälle erlebt.
Die junge Lehrerin schüttelte ungläubig den Kopf. »Wenn nur der Ball heute Abend nicht wäre!«, sprach sie seufzend. »Der Lärm im Hause und das kranke Kind. Sollten wir ihn nicht aufschieben?«
»Sie sehen zu schwarz, liebe Freundin«, entgegnet die Vorsteherin. »Der Lärm wird Lilli nicht stören. Wie sollte er aus dem Vorderhause bis hierher in ihr stilles Zimmer dringen? Bedenken Sie, wie sehr sich die Mädchen auf den heutigen Abend gefreut haben; wie grausam wäre es, wollten wir ihre Freude zerstören! Noch sehe ich keine Gefahr und wir können unbesorgt den Ball stattfinden lassen.«
»Ball!«, wiederholte Lilli, die erwacht war und das Wort gehört hatte. »Ich will tanzen! Zieh mich an, Fräulein! Bitt schön, lass mich tanzen!«
Fräulein Raimar trat zu Lilli ans Bett und ergriff deren Hand.
»Es ist noch heller Tag, Lilli«, sagte sie freundlich. »Siehst du nicht, wie die Sonne scheint? Heute Abend sollst du tanzen, jetzt ist es noch viel zu früh. Lege dich nieder und schlafe noch

etwas; wenn du aufwachst, bist du gesund und ziehst dein gesticktes Kleid an.«
»Die liebe Sonne scheint«, wiederholte das Kind, wie aus einem Traume erwacht, und sah mit offenen Augen zum Fenster hinaus. Dann legte sie die Hand gegen die Stirn und sagte leise: »Ach Gotterl, Fräulein, mir tut der Kopf halt so weh.«
»Das wird sich geben, mein Herz. Nimm nur recht artig deine Medizin ein.«
Sie küsste Lilli und versicherte der ängstlichen Lehrerin, das Phantasieren der kleinen Kranken habe nichts zu bedeuten, bei

lebhaften Kindern stelle sich dies oftmals bei einem harmlosen Schnupfenfieber ein. Und mit diesem aufrichtig gemeinten Troste verließ sie das Zimmer.

Es schien, als hätte sie wahr gesprochen. Gegen Mittag schlief Lilli ein. Das Fieber hatte etwas nachgelassen und Fräulein Güssow atmete erleichtert auf. Als Ilse kam und teilnehmend mit trauriger Miene nach Lillis Befinden fragte, winkte sie derselben freudig zu und flüsterte: »Sie schläft – es scheint eine Besserung eingetreten zu sein.«

Ilse teilte sofort diese gute Nachricht den Freundinnen mit, die schon in ängstlicher Sorge um den kleinen Liebling waren, und brachte sie alle wieder in fröhliche Stimmung.

Nur Flora prophezeite düster: »Ich fühle es, der Tod wird diese zarte Knospe brechen.« Sie probierte dabei ihre neuen Ballschuhe an, streckte den Fuß weit von sich und bewunderte mit sehr befriedigter Miene die zierliche, elegante Form des Schuhes. Es war ihr wenig Ernst mit ihren düsteren Ahnungen.

Lillis scheinbare Besserung war leider trügerisch. Während die jungen Mädchen sich heiter und glücklich auf das fröhliche Fest vorbereiteten, lag sie im heftigsten Fieber.

Fräulein Güssow wich nicht von ihrem Bette und erklärte mit aller Bestimmtheit, dass sie diesen Platz nicht verlassen werde. Auf Fräulein Raimars Wunsch wurde die Verschlimmerung der Krankheit vorläufig geheim gehalten; sie mochte keinen Missklang in die unbefangene Freude ihrer Zöglinge bringen, musste sie sich doch bei ruhiger Überlegung sagen, dass damit nichts verbessert werde.

So blieb denn die junge Lehrerin allein im Krankenzimmer. Sie hörte das unruhige Getrappel im Vorderhause; dann und wann schlug wohl ein fröhliches Lachen an ihr Ohr – und endlich vernahm sie die gedämpften Töne der Polonäse.

»Ilse, komm!«, rief Lilli plötzlich und Fräulein Güssow fuhr

erschreckt zusammen. »Ilse, bitt, bitt schön, komm! Ich führ dich in den Saal, komm!« Hoch hatte sie sich im Bett aufgestellt und machte Anstrengungen, aus demselben zu springen.
Fräulein Güssow legte den Arm um das fiebernde Kind und versuchte es niederzulegen, aber Lilli stieß sie von sich.
»Geh fort!«, rief sie. »Du bist nit des Kaisers Tochter, du hast kein schönes Kleiderl an! – Ilse! Ilse, komm!«
Ängstlich und gellend stieß sie diese Worte heraus und mit starren Augen blickte sie ihre Pflegerin an.
»Wenn du ruhig bist, wird Ilse kommen«, sagte diese mit zitternder Stimme. Die Angst schnürte ihr fast die Kehle zu. »Sei ruhig, mein Liebling, willst du? Lege dich nieder ... ganz still ... so.« Und sie bettete mit sanfter Gewalt die immer noch aufrecht stehende Lilli in die Kissen.
»Ganz still«, wiederholte das Kind mechanisch. »Ilse, komm ... ganz still!«
Fräulein Güssow zog an der Klingelschnur und nach einiger Zeit ängstlichen Verharrens erschien die Köchin. Sie war die Einzige, welche die Glocke vernommen hatte, die beiden anderen Dienstboten waren im Vorderhause beschäftigt.
»Rufe sofort Fräulein Ilse«, gebot sie mit halblauter Stimme, »und dann hole den Arzt. Das Kind ist sehr krank. Aber still und ohne Aufsehen, Bärbchen, niemand darf es wissen.«
Der Zufall kam Bärbchen zu Hilfe. Gerade als sie sich dem Saale näherte, traten Ilse und Nellie lachend und plaudernd mit erhitzten Wangen Arm in Arm aus der Tür.
Unauffällig winkte ihnen die Köchin zu. »Fräulein Ilschen«, sagte sie. »Sie möchten gleich zu Fräulein Güssow kommen!«
»Es ist doch nichts passiert, Bärbchen?«, fragten beide Mädchen fast zugleich.
»O nein, passiert nicht gerade, aber das Kind ist kränker ge-

worden, ich soll gleich den Doktor holen. Es soll aber niemand etwas wissen. Sie brauchen keine Angst zu haben, Fräuleinchens«, beruhigte sie, als sie die erschrockenen Gesichter vor sich sah, »so schnell geht es nicht mit so kleinen Kindern. Krank – tot – gesund – man weiß nicht, woher es kommt! Aber nun will ich laufen!« Und wie der Wind war sie die Treppe hinunter und zum Haus hinaus.
»Ich gehe mit dich«, sagte Nellie, aber Ilse wehrte sie ab.
»Du musst in den Saal zurückkehren, Nellie«, erklärte Ilse entschieden. »Es würde Aufsehen erregen, wenn wir beide fehlten. Ich gehe allein und gebe dir bald Bescheid.«
Traurig sah Nellie der Freundin nach, dann kehrte sie zurück in den hell erleuchteten Saal. Als sie ringsum die vielen glücklichen, fröhlichen Menschen sah, füllte sich ihr Auge mit Tränen.
Weil aber niemand ihr betrübtes Gesicht sehen durfte, trat sie unbeachtet hinter eine Tannengruppe.
Einer indes hatte sie doch beachtet und das war Doktor Althoff. Als er sie mit so ernstem Gesicht eintreten und gleich darauf verschwinden sah, näherte er sich ihr langsam.
»Weshalb suchen Sie die Einsamkeit, Miss Nellie?«, fragte er herzlich. »Haben Sie Kummer?«
»O Herr Doktor, ich ängstige mir so um das Kind! Bärbchen hat Ilse gerufen und holt jetzt den Arzt!« Und Nellies sonst so fröhliche Augen blickten den jungen Mann voller Angst und Trauer an.
Doktor Althoff hatte sie nie so lieblich gesehen wie in diesem Augenblicke. Die schelmische, lustige Nellie in dem duftigen, hellblauen Kleide, den Kranz mit Tausendschön im goldblonden Haar, hatte ihn schon den ganzen Abend erfreut. Die trauernde Nellie, die ein so normales Mitgefühl verriet, entzückte ihn geradezu.

»Beruhigen Sie sich«, tröstete er. »Ich werde sofort in das Krankenzimmer gehen und verspreche Ihnen Sie zu benachrichtigen, wie es dort steht.«

Als er die Tür des Krankenzimmers nach leisem Anklopfen öffnete, bot sich ihm ein rührender Anblick dar. Ilse kniete am Bett und hatte ihr Haupt dicht neben Lillis Köpfchen gelegt, sodass ihre braunen Locken sich mit den lichtblonden des Kindes mischten. Eine frische, rote Rose, der einzige Schmuck, den sie heute Abend getragen, hatte sich aus ihrem Haar gelöst und lag halb entblättert auf dem Boden. Fräulein Güssow legte soeben einen neuen Eisumschlag auf der Kranken glühende Stirn.

Doktor Althoff fragte nicht – ein Blick auf die kleine Kranke sagte ihm alles. Groß und fremd sah sie ihn an, ihre Händchen zuckten und griffen unruhig in die leere Luft. Als Ilse sich erheben wollte, klammerte sie sich fest an sie.

»Du sollst nit fortgehen, du bist des Kaisers Tochter!«, stieß sie in abgerissenen Sätzen hervor. »Du bist die Schönste! Tanz mit mir . . . komm!«

Plötzlich veränderten sich ihre Phantasien und sie hielt Ilse für das Christkind.

»Du liebes Christkind hast ein goldnes Kleiderl an – und ein Kronerl tragst auf dem Kopf – ah, wie das strahlt! Du willst mit mir spielen«, fuhr sie geheimnisvoll lächelnd fort, »wart nur, ich komm zu dir, zu den lieben Engelein! Ich komm – nimm mich mit!«

Ermattet sank sie nach diesem Anfall in die Kissen zurück.

Ilse war wie gelähmt vor Entsetzen. Sie umklammerte Fräulein Güssow und wurde totenblass, ohne ein Wort über die bebenden Lippen zu bringen.

»Kehren Sie in den Saal zurück, Ilse«, riet Doktor Althoff und ergriff ihre Hand. »Kommen Sie, ich werde Sie führen.«

Aber sie schüttelte den Kopf. »Ich bleibe hier«, sagte sie leise, aber fest. »Ich verlasse Lilli nicht.«
Und wie auch die Strauß'schen Klänge der blauen Donau schmeichelnd und verlockend durch die Nacht in das stille Krankenzimmer drangen, Ilse dachte nicht daran, zur Lust und Freude der anderen zurückzukehren.
Nur wenige Augenblicke lag Lilli still und mit geschlossenen Augen da, dann fing sie von neuem weit heftiger an zu phantasieren. Bald rief sie nach Ilse, um mit ihr zu tanzen, bald wollte sie mit dem Christkindl spielen, zuletzt fing sie an mit leiser, matter Stimme zu singen: »Kommt a Vogerl geflogen –« Wie traurig klang heute des Kindes Lied. Ilse musste sich abwenden. Heiße Tränen rannen über ihre Wangen. Es war, als müsse ihr das Herz zerspringen.
»Ich befürchte das Schlimmste!«, sprach Fräulein Güssow tief bewegt. »Wenn nur der Arzt käme!«
Nach kurzer Zeit, die den Wartenden wie eine Ewigkeit vorkam, trat dieser endlich ein. Sein Blick fiel auf das Kind und er erschrak. Wie hatte es sich verändert, seitdem er es verlassen hatte. Was war seit gestern aus dem blühenden, lebensfrohen Wesen geworden! Die runden Wangen waren eingefallen und die großen, schwarzen Augen starrten wie abwesend in die leere Luft. Er nahm ihre Hand und fühlte nach ihrem Puls. Sie merkte nichts davon, leise fing sie wieder an zu singen: »Und es kümmert sich ka Hunderl . . .«
»Au, au!«, schrie sie plötzlich auf und griff nach ihrem Kopfe. »Das Katzerl beißt mich! Nimm es weg, Fräulein. Auweh!«
Der Arzt rührte ein Pulver in ein Glas Wasser und reichte es ihr. Nur mühsam war ihr die Medizin einzuträufeln; erst auf Ilses sanftes Zureden hin öffnete sie die Lippen. Nachdem sie getrunken hatte, wurde sie ruhiger und verfiel in einen Halbschlummer.

»Wo wohnen die Eltern der Kleinen?«, wandte der Arzt sich an Fräulein Güssow. »Ich rate, sie unverzüglich von der Krankheit zu benachrichtigen. Wir haben es mit einer bösartigen Gehirnentzündung zu tun.«
»Nur die Mutter lebt noch«, ergriff Doktor Althoff das Wort und erbot sich, sofort ein Telegramm abzusenden.
Bevor er das Haus verließ, kehrte er noch einmal in den Saal zurück, um die Vorsteherin von den Worten des Arztes zu unterrichten. Nellie, die gerade mit Georg Breitner tanzte, warf einen ängstlich fragenden Blick auf ihn. Flüchtig nur streifte sie sein Blick und doch erriet sie, dass er nichts Gutes zu melden habe. Oh, wäre nur der Tanz erst zu Ende, dass sie ihn fragen könnte! Aber er wartete nicht. Nach wenigen Minuten verließ er schon wieder den Saal und ließ Nellie zurück. War es schlimmer geworden? Der Vorsteherin ruhiges Gesicht gab ihr keine Antwort auf ihre Frage. Es lag dasselbe wohlwollende Lächeln darauf wie zuvor. Ohne jede sichtbare Erregung unterhielt sie sich mit einigen Gästen.
Und doch war sie bis in das Innerste erregt. Aber sie verstand sich meisterhaft zu beherrschen. Warum sollte sie plötzlich Schreck und Aufregung in die Freude bringen? In einer Viertelstunde war der Tanz vorüber, dann sollten die jungen Mädchen sich niederlegen, ohne zu erfahren, wie es mit der Kranken stand.

Der Ball ging zu Ende, ohne dass Ilse oder Doktor Althoff noch einmal erschienen wären. Miss Lead hatte von der Vorsteherin den Auftrag erhalten, dafür Sorge zu tragen, dass die Mädchen still und geräuschlos ihre Gemächer aufsuchten. Diese Anweisung wurde befolgt, aber als sie sich sicher glaubten, als die englische Lehrerin sich in ihr Zimmer

zurückgezogen hatte, da huschten sie alle noch kurz zu Rosi hinüber, deren Stübchen ganz am Ende des Korridors lag. Sie mussten sich kurz austauschen, ihre jungen Herzen waren zu voll von diesem Fest!
Melanie brachte einen duftigen Blumenstrauß, den sie erhalten hatte, mit und bemerkte wehmütig: »Wie schade, dass alles vorbei ist!«
»Alles Schöne ist vergänglich, nur die Erinnerung bleibt!«, entgegnete Flora weise. Und sie betrachtete bei ihren Worten die Fotografie eines jungen Mannes, die sie vorsichtig und geschickt in ihrem Taschentuch verborgen hielt. Es war Georg Breitners Bild. Er hatte dafür das ihrige eingetauscht.
»Ach, Kinder, es war zu schön!«, sprach Annemie in plötzlicher Begeisterung aus. »Oh, was ich euch alles erzählen könnte!«
»Und ich! Und ich!«, klang es durcheinander.
»Ihr würdet staunen, wenn ich sprechen wollte!«, rief Melanie stolz und schlug ihre Augen kokett zum Himmel. »Ich habe viel erlebt!« In ihrem Eifer vergaß sie ganz ihre Stimme zu dämpfen.
»Nicht so laut, Melanie«, ermahnte Rosi und Orla stimmte ihr bei. »Wir wollen zu Bett gehen«, riet sie, »denn wenn ihr erst anfangt eure Erlebnisse zu erzählen, dann können wir bis zum Morgen hier sitzen.«
»Morgen ist Sonntag, da können wir ausschlafen«, meinte Grete, die darauf brannte, die geheimnisvoll angedeuteten Geschichten zu hören. Allmählich wurde es jedoch still in den oberen Räumen. Das Plaudern verstummte nach und nach. Die Augen schlossen sich und ein gütiger Traumgott führte die Schlafenden zurück in den festlichen Saal. Noch einmal ließ er die Musik erklingen und die junge Schar in lustigem Tanze dahinfliegen.

»Oh, wie öde ist die Wirklichkeit!«, war Melanies erstes Wort, als sie erwachte.

In dem Krankenzimmer dachte man nicht an Schlaf, noch weniger an glückliche Träume. Traurig sah es dort aus. Lilli tobte zwar nicht mehr, aber sie lag teilnahmslos da. Das Fieber nahm noch immer zu. Als die Vorsteherin eintrat, erhob sich der Arzt und teilte ihr seine Befürchtung mit. Ilse schluchzte leise in sich hinein. Es wurde ihr so schwer, sich zu beherrschen.
»Geh zu Bett, Ilse«, sprach Fräulein Raimar sanft zu ihr, »du darfst hier nicht länger verweilen.«
Der Arzt stimmte energisch zu, und so schmerzlich bittend das junge Mädchen auch die Vorsteherin ansah, dieselbe beharrte bei ihrem Willen.
»Du bist ein gutes Kind«, sagte sie weich und ihre Stimme klang, als unterdrücke sie ihre Tränen, »aber ich darf deinen Wunsch nicht erfüllen. Ein längerer Aufenthalt hier könnte deiner Gesundheit schaden. Du kannst dem Kinde auch nicht helfen. Sieh hin – es kennt dich – uns alle nicht mehr!«
Bevor sie das Zimmer verließ, trat Ilse noch einmal zögernd und leise an Lillis Bett. Zitternd ergriff sie die kleine, fieberheiße Hand, beugte sich nieder und drückte einen Kuss darauf.
»Gute Nacht, Liebling«, hauchte sie leise, »gute Nacht!«
Und mit einem langen Blick auf das blasse Gesichtchen nahm

sie Abschied, der, sie fühlte es, ein Lebewohl für immer war. Dann eilte sie hinaus, das Taschentuch fest vor den Mund gepresst, damit sie vor Kummer nicht laut aufschreie.
Draußen, dicht vor der Tür, stand Nellie. Unbemerkt war sie der Vorsteherin gefolgt und hatte die Freundin erwartet. Ilse fiel ihr um den Hals und Nellie führte die Verzweifelte hinauf in ihr Zimmer. Dort angelangt, warf Ilse sich verzweifelnd auf ihr Bett und begrub ihr Gesicht laut weinend in den Kissen.
»Ist sie so sehr krank?«, fragte Nellie.
»Sie stirbt, Nellie!«, schluchzte Ilse außer sich. »Unser süßer, kleiner Liebling stirbt!«
Still setzte Nellie sich neben die Freundin auf den Bettrand und ergriff deren Hand.
»Komm«, sagte sie mit unsicherer Stimme, »setze dir hoch. Du

machst dir auch krank, wenn du so hitzig bist! Und wenn wir uns totweinen, wir machen doch der arm klein Herz nicht gesund. Wenn der liebe Gott sagt: ›Ich will der klein Engel zu mich nehmen‹, was können wir da machen? – Oh, Ilse! Es ist gar nicht so schrecklich, als ein jung Kind zu sterben! Wer weiß, welch traurig Schicksal unsre Lilli aufwartete: Ist es nicht besser, da tot zu sein? – Ich wär sehr glücklich, wenn mich der liebe Gott als klein Kind zu sich genommen hätte!«
Wie traurig das klang! Sofort wendete sich Ilses ganzes Mitleid ihrer Nellie zu. Sie antwortete nichts, aber sie erhob sich und umschlang die Freundin fest und innig. Und die beiden jungen Mädchen in ihren duftigen Ballgewändern, die sie nur zur Freude zu tragen gehofft hatten, schlossen in diesem Augenblick innige Freundschaft für das ganze Leben.

Es war ein trübseliger Sonntag, der dem Ballfeste folgte. Als die Mädchen, noch ganz erfüllt von der Erinnerung, beim Morgenkaffee saßen, trat Fräulein Güssow ein. Bei ihrem Anblick verstummte das fröhliche Geplauder, ihr blasses und verweintes Gesicht verkündete nichts Gutes. Ilse und Nellie waren sofort an ihrer Seite. Sie hatten bis dahin seitwärts gestanden; es war ihnen unmöglich, an der Fröhlichkeit der andern teilzunehmen.
»Ist es besser?«, fragte Ilse, hoffend und bangend zugleich.
Traurig schüttelte die Angeredete den Kopf und ihre Augen füllten sich mit Tränen. »Nein«, sagte sie, »es ist nicht besser. Die Krankheit hat sich gesteigert und ihr müsst euch auf das Schlimmste gefasst machen.«

Augenblickliche Totenstille trat bei dieser Eröffnung ein. Als aber Ilse laut zu schluchzen anfing, da erhob sich ein allgemeines Jammern und Wehklagen. Kein Auge blieb trocken bei dem Gedanken, ihren Liebling für immer hergeben zu müssen.
Die junge Lehrerin entfernte sich und Ilse eilte ihr nach.
»Lassen Sie mich zu ihr«, bat sie dringend und erhob die Hände. »Bitte!«
Sie konnte ihr diesen Wunsch nicht erfüllen. »Du darfst sie nicht wieder sehen, Ilse«, sagte sie fest und entschieden. »Du würdest das traurige Bild nie vergessen.«
Und sie küsste die verzweifelte Ilse und kehrte in das Krankenzimmer zurück, das Fräulein Raimar seit Mitternacht nicht wieder verlassen hatte.
Als Ilse wieder in den Speisesaal eintrat, stand Miss Lead, fertig zum Kirchgang angekleidet, mit dem Gesangbuch in der Hand da. Sie trieb zur Eile an, da es hohe Zeit sei, zur Kirche zu gehen.
»Ich kann Sie heute nicht begleiten, Miss Lead«, entgegnete Orla, die sich ganz gegen ihre Gewohnheit vom Gefühle übermannen ließ und heftig weinte, »ich kann es nicht!«
»Ich auch nicht! – Ich auch nicht!«, erklärten die Übrigen. Selbst Rosi, die stets Sanfte und Gefügige, bat um Verzeihung, wenn sie ebenfalls zurückbleibe. »Ich bin so aufgeregt und könnte nicht andächtig auf die Predigt hören«, fügte sie hinzu.
»Ich begreife euch nicht«, sprach die Engländerin, höchst erstaunt von einer zur andern sehend. »Ist das Gotteshaus nicht der beste Ort für ein gequältes Herz? Sagt nicht der Herr: ›Kommt her zu mir alle, die ihr mühselig und beladen seid, ich will euch erquicken!‹ Ich gehe und will für die Kranke beten, vielleicht erhört mich der Herr.«

Aber in den Sternen stand es anders geschrieben. Gegen Abend öffnete die Vorsteherin die Fensterflügel im Krankenzimmer – Lilli war tot. Wie ein sorglos schlummerndes Kind lag sie da, der entstellende Zug war geschwunden und ein friedliches Lächeln lag über den leise geöffneten Lippen.

Die beiden Lehrerinnen standen stumm und mit gefalteten Händen am Bette der kleinen Verstorbenen und konnten den Blick nicht von ihr trennen. Die Abendsonne verklärte mit rosigem Schimmer das zarte Gesicht und in dem knospenden Apfelbaume vor dem Fenster sang ein Star sein melodisches Abendlied.

»So früh und in der Fremde musstest du sterben, armes Kind!«, unterbrach Fräulein Güssow die Stille.

»Sie fühlte sich glücklich und heimisch bei uns«, entgegnete Fräulein Raimar. »Die eigentliche Heimat war ihr fremd geworden. Sie hat nicht einmal nach der Mutter verlangt.«

»Wie sanft sie schlummert, als ob sie leben und atmen müsste. Oh, sie ist glücklich!« Und in einem überwallenden Gefühl beugte sich die junge Lehrerin laut weinend über Lilli und küsste ihr die kalte Stirn. »Schlaf wohl, schlaf wohl, teures Kind! Gott hatte dich lieb, darum nahm er dich zu sich!«

»Fassen Sie sich, liebe Freundin«, ermahnte Fräulein Raimar, »uns bleibt jetzt die schwere Aufgabe, die Kinder mit dem traurigen Ausgang bekannt zu machen. So ruhig als möglich müssen wir ihnen diese Mitteilung machen, damit die ohnehin erregten Gemüter nicht ganz außer Fassung kommen.«

Aber sie kamen doch außer Fassung, besonders Ilse, deren lebhafte Natur sich dem Schmerz zügellos hingab. Sie hatte das Gefühl, vor Schmerz vergehen zu müssen. Noch nie hatte sie sich so unglücklich gefühlt wie in der ersten Nacht nach Lillis Tod, selbst damals nicht, als sie den Wagen fortfahren sah, der den geliebten Vater entführte, und sie fremd und verlassen an der Pforte dieses Hauses stand.

Lilli war in die Erde gebettet. Unter Schneeglöckchen und Veilchen schlummerte sie. Tief betrauert wurde das kleine Wesen von allen, die mit ihm in nähere Berührung gekommen, und es hatte allgemein schmerzliche Verwunderung erregt, dass die Mutter dem Begräbnis ferngeblieben war.
Am Todestage Lillis war ein Telegramm angekommen, worin sie meldete, dass sie erst am Dienstagabend eintreffen könne. Es sei ihr unmöglich, früher zu kommen, da sie am Montag in einem neuen Stücke die Hauptrolle zu spielen habe. Als ihr an diesem Tage der Tod ihres Kindes gemeldet wurde, kam umgehend ein Brief voll überschwänglicher Klagen, aber sie blieb fern. Kostbare Blumen hatte sie gesandt, auch der Vorsteherin den Auftrag gegeben, ein Marmormonument, einen knienden Engel darstellend, für des Kindes Grab anfertigen zu lassen. Mit goldenen Buchstaben solle auf dem Sockel eingegraben werden: »Teures Kind, bete für mich.«
»Meine Mama wäre gekommen, wenn sie mich sterbenskrank gewusst hätte«, bemerkte Ilse, als sie Nellie den Brief vorlas, den ihr die Mutter so herzlich und tröstend geschrieben hatte.
»Oh, sicher, sie wäre von der Welten Ende zu dich gereist«, beteuerte Nellie lebhaft.
»Und sie ist nicht einmal meine rechte Mutter«, fuhr Ilse nachdenklich fort. »Ach Nellie, ich habe sie oft sehr gekränkt! Glaubst du wohl, dass sie mir vergeben wird?«

Ilses Herz war weich und empfänglich durch den Schmerz geworden. Nie waren ihr bis dahin ähnliche Gedanken gekommen. Heute war es anders, sie hatte das Bedürfnis, sich auszusprechen und sich anzuklagen.
»Oh, mach dich kein Kummer darum, Kind. Deine Mutter hat ein so liebreiches Herz, sie vergibt dir alles. Du warst ja auch noch ein ungezogen, dumm Baby, als du bei sie warst, jetzt aber bist du eine sehr verständige junge Dame.«
»Ist das dein Ernst, Nellie?«, fragte Ilse und sah mit ihren Kinderaugen Nellie zweifelnd an.
»Es ist mein Ernst und ich gebe dir den guten Rat, schreibe an deiner Mutter ein lang Brief und bitte ihr um Verzeihung.«
Ilse überlegte einen Augenblick. »Du hast Recht, Nellie«, sagte sie dann entschlossen, »ich werde ihr schreiben, ich bin es ihr schuldig. Heute noch will ich es tun! Wenn sie mir nur bald darauf antwortet, ich werde nicht eher ruhig sein!«
Als sie sich eben niedergesetzt hatte ihr Vorhaben auszuführen, trat Flora mit strahlenden Augen ein.
»Ich muss euch meine neuesten Gedichte vorlesen«, sagte sie erregt, »sie sind das Beste, was ich bis jetzt geschrieben habe! Ihr müsst mich anhören!«
Und sie entfaltete ein Heft, in dem sie Lillis Tod in den verschiedensten Dichtungsarten besungen hatte.
»Elegie auf den Tod einer vom Sturm geknickten Rosenknospe!«, begann sie laut zu lesen.
Nellie hielt sich die Ohren zu. »Schweig still! Ich mag dir nicht anhören mit dein dumm Zeug! Ärgere mir nicht damit!«
Ilse stimmte ihr bei. »Lass uns zufrieden, Flora!«, sagte sie. »Wir sind noch zu traurig, als dass wir lachen möchten! Und du weißt doch, dass alle deine Gedichte uns lustig machen.«
Tief verletzt schloss Flora ihr Heft, auf dessen Umschlag mit großen Buchstaben zu lesen stand: »Floras Klagelieder!«

»Ihr habt keinen Sinn für erhabene Dichtkunst und ich will Gott danken, wenn es Ostern ist und ich diesen prosaischen Aufenthaltsort verlassen kann!«
Sie verließ die Undankbaren und suchte Rosi auf. Wenn niemand ihre Dichtkunst bewundern wollte, fand sie in ihr stets eine geduldige Zuhörerin. »Das rechte Verständnis freilich fehlt ihr«, meinte Flora allerdings mit einem Seufzer.

Der Brief an die Mutter war abgeschickt. Acht Tage waren seitdem vergangen und noch war keine Antwort eingetroffen. Ilse war unruhig und aufgeregt darüber. Nellie, ihre einzige Vertraute, tröstete sie.
»Es ist ja noch kein Ewigkeit vorbei, seit du schriebst«, sagte sie. »Es scheint dich nur so, weil du immer daran denkst. Ich wette, heute wirst du ein schön lang Brief haben. Mich ahnt das!«
Und richtig, Nellies Ahnung, die eigentlich gar nicht so ernst gemeint war, ging in Erfüllung. Es kam ein Brief an Ilse.
»Komm sogleich in mein Zimmer, Ilse, ich habe dir etwas mitzuteilen!« Mit diesen Worten empfing Fräulein Raimar dieselbe, als sie eben aus der Kirche kam.
Klopfenden Herzens folgte ihr das junge Mädchen, sich den Kopf zerbrechend, welch eine geheimnisvolle Mitteilung ihrer wartete.
»Ich habe soeben einen Brief von deinem Papa erhalten, liebes Kind, worin er mich bittet dir etwas recht Erfreuliches zu verkünden. Ahnst du nicht, was es sein könnte?«
»Nein«, entgegnete Ilse und blickte die Vorsteherin erwartungsvoll fragend an.
»Dir ist ein Brüderchen beschert worden! Da, hier lies selbst, der Papa hat für dich einen Brief eingelegt.«
Aber Ilse vermochte nicht zu lesen in diesem Augenblick. Die

Nachricht hatte sie zutiefst im Innersten erfreut und bewegt. Das Blut schoss ihr heiß in die Wangen, und ehe sie noch ein Wort über die Lippen bringen konnte, flog sie dem Fräulein an den Hals und küsste dieselbe. Sie musste an jemandem ihre jubelnde Freude auslassen.
Als sie zur Besinnung kam, schämte sie sich ihrer Übereilung.

Wie konnte sie allen Respekt außer Acht lassen und so ungeniert die Vorsteherin umarmen!
»Verzeihen Sie«, sagte sie verlegen und trat bescheiden zurück. Aber Fräulein Raimar schnitt ihr das Wort ab und nahm sie noch einmal herzlich in den Arm.
»Komm her, mein Kind«, sagte sie warm, »und lass mich die Erste sein, die dir von ganzem Herzen Glück wünscht.«
Der Brief an Ilse war nur kurz und von der Mutter schon vor mehreren Tagen an sie geschrieben. Der Papa trug an der Verzögerung Schuld, er hatte noch einige Zeilen hinzufügen wollen und war nicht gleich dazu gekommen.
»Lies erst, was sie schreibt!«, bat Nellie, zu der Ilse jubelnd in das Zimmer gestürzt war. »Lies erst, nachher sprechen wir von die Baby.«
Und Ilse las:

Mein teures Kind!
Dein letzter Brief hat mich sehr glücklich gemacht! Ich kann den Augenblick kaum erwarten, wo ich dich an mein Herz nehmen darf, um dir mit einem herzlichen Kuss zu sagen, dass ich dir niemals böse war. Ich wusste immer, dass mein Trotzköpfchen schon den Weg zu mir finden werde. Mache dir nur keine Sorgen um vergangene kleine Sünden, sie sind längst in alle Winde verweht. Denke lieber an die zukünftige Zeit, in der wir wieder beisammen sind, und male sie dir so rosig aus, wie deine junge Phantasie es nur zu tun vermag. Ich habe dich sehr, sehr lieb! Mit zärtlichen Küssen
deine Mama

Und der Papa hatte gestern flüchtig dazugeschrieben:

Hurra! Wir haben einen prächtigen Jungen! Ich habe nur den einen Wunsch, ihn dir, mein Kleines, gleich zeigen zu können. Er sieht dir ähnlich, hat gerade so lustige, braune Augen wie du! Morgen schreibe ich dir mehr.

»Oh!«, jammerte Ilse unter Lachen und Weinen. »Wenn ich doch gleich dort sein könnte! Ich habe so große Sehnsucht, die Mama, den Papa und das kleine Brüderchen zu sehen!« Dabei umarmte und herzte sie Nellie, und als Fräulein Güssow hinzutrat, fiel sie auch dieser um den Hals. Sie hätte in ihrer Seligkeit am liebsten die ganze Welt umarmt!
Am Nachmittag, als der erste Freudenrausch sich gelegt hatte, kehrten Ilses Gedanken zu der verstorbenen Lilli zurück. Sie machte sich Vorwürfe, dass sie deren Andenken heute so ganz vergessen konnte!
»Komm, Nellie!«, sagte sie. »Lass uns im Garten Veilchen pflücken für einen Kranz auf Lillis Grab.«
Fräulein Güssow stimmte diesem Vorschlage bei und begleitete gegen Abend die beiden Freundinnen hinaus auf den stillen Friedhof. Ilse beugte sich nieder und legte den Kranz auf den frischen Grabhügel. Noch lagen die vielen andern Kränze vom Begräbnis darauf, aber sie waren verwelkt und trocken und in den langen, weißen Atlasbändern spielte der Abendwind.

Die Tage kamen und gingen und das Osterfest stand vor der Tür. Die Prüfungen waren bereits vorüber und die Zeugnisse ausgestellt. Ilse konnte zufrieden sein. Mit Ausnahme einzelner Fächer, bei denen obenan das Rechnen stand, hatte sie sehr gute Fortschritte gemacht. Nur die Englischlehrerin blieb bei ihrem Vorurteil und fand, dass Ilse nach wie vor ohne jede Manier und Grazie sei, auch tadelte sie sehr ihre englische Aussprache.

»Lass dir nix vormachen, Ilse«, sagte Nellie, als sie allein waren. »Du sprichst schon ganz nett Englisch und drückst dir stets sehr fein aus. Übrigens, tröste dir mit mir, sieh, was sie hier geschrieben haben« – und sie reichte betrübt der Freundin ihr Zeugnis und Ilse las: »Besondere Bemerkung: ›Nellie macht sehr langsame Fortschritte in der deutschen Sprache.‹«

»Ist das nicht unrecht?«, fragte Nellie. »Ich gebe mich so furchtbar große Mühe mit eure schwere Sprache.«

Nun war die Reihe zu trösten an Ilse. Dieselbe versprach ihr von jetzt an keinen Schnitzer mehr durchgehen zu lassen, Nellie dagegen wollte täglich eine volle Stunde auf Englisch mit der Freundin plaudern.

Flora war in höchster Aufregung. Sie fand es ungerecht, dass Doktor Althoff ihr eine Zwei in Literatur gegeben hatte. »Mir das!«, rief sie aus, sobald er sich entfernt hatte. »Mir das! Die ich selbst schon so lange literarisch tätig bin! Aber Sie werden sich wundern, Herr Doktor, Sie werden sich wundern!«

Diese geheimnisvolle Anspielung bezog sich auf ihr jüngstes Werk. Sie hatte vor einigen Tagen den letzten Federstrich daran getan und es dann sogleich mit einem Briefe auf rosafarbenem Papier dem Lehrer zur Durchsicht gegeben. Mit bescheidenem Selbstbewusstsein hatte sie hinzugefügt, sie rechne darauf, dass ihr Zauberspiel am Geburtstage der Vorsteherin aufgeführt werde. Sollte Herr Doktor einige kleine Änderungen für notwendig finden, würde sie sich gern seinem Rat fügen.

Es waren einige Tage darüber vergangen und noch hatte sie keine Antwort erhalten. Warum mochte er zögern? Gefallen musste ihm »Thea, die Blumenfee«, darüber war sie nicht im Zweifel. Sie hatte sich so hineingelebt in ihre Zauberposse und ihre Phantasie flüsterte ihr einen großartigen Erfolg in das Ohr.

Ganz in Gedanken versunken, löste sie die aufgesteckten Flechten und drapierte das Haar malerisch um ihre Schultern. Unwillkürlich kamen ihr dabei die ersten Verse ihres großen Werkes auf die Lippen und laut fing sie an zu deklamieren:

>»Heraus, ihr Blumen, aus euren Kelchen,
>Ich will mit euch spielen!
>Eilt euch, ihr lieben Tulpen und Nelken,
>Lasst mich nicht warten, ihr vielen, vielen,
>Heraus, heraus!«

Ein lautes Pochen an der Tür und ein ungestümes Auf- und Niederdrücken des Griffes unterbrachen sie höchst unangenehm. Zugleich wurde Gretes Stimme laut.
»Warum schließt du dich denn ein? Mach schnell auf, ich bringe dir etwas!«
In aller Eile befestigte Flora ihr Haar, schob dann den Riegel zurück und fragte ärgerlich: »Was willst du denn?«
Grete war in das Zimmer getreten und sah sich verwundert um.
»Du sprachst doch eben laut«, sagte sie. »Mit wem hast du dich denn unterhalten?«
Flora blieb ihr die Antwort schuldig; sie sah ihr Manuskript in Gretes Hand, ungestüm nahm sie es an sich.
»Gib her! Wie kommst du zu meinem Hefte!«
»Nur nicht so heftig«, entgegnete Grete, »was fällt dir denn ein? Es ist die reine Gefälligkeit, dass ich es dir bringe. Doktor Althoff hat es mir für dich übergeben.«
»Warum ließ er mich nicht selbst rufen? Du wirst dich wohl wieder vorwitzig aufgedrängt haben, das ist ja so deine Art. Übrigens, jetzt kannst du wieder gehen, ich möchte allein sein!«

Aber Grete verspürte keine Lust, sie zu verlassen. Sie witterte ein Geheimnis, das sie unbedingt herausbekommen wollte.
»Ich habe aber keine Lust, dich zu verlassen«, sagte sie und setzte sich gemütlich hin.
»Du bist wirklich unausstehlich!«, stieß Flora ärgerlich heraus und drehte Grete den Rücken zu. Plötzlich kam ihr ein Gedanke. »Wenn du durchaus hier bleiben willst, so tue es meinetwegen«, fuhr sie fort.
Und schon hatte sie die Tür geöffnet und war hinaus, noch ehe Grete sich erhoben hatte. Schnell drehte sie den Schlüssel im Schloss um und – das neugierige Gretchen war eine Gefangene. Beflügelten Schrittes eilte sie in den Garten, der Trauersche zu. Sie huschte zwischen den bis auf den Boden herabhängenden Zweigen hindurch und sank auf einem Bänkchen von Birkenstämmen nieder. Hier war sie vor jedem Lauscherblicke sicher.
Ihren ganzen Mut zusammennehmend, schlug sie das Heft auf. Natürlich suchte sie zuerst nach einigen Zeilen von seiner Hand. Aber sie blätterte und fand nichts. Sie breitete das Heft auseinander, hielt es hoch, schüttelte es tüchtig. Der erwartete Brief fiel nicht heraus. Sie war betroffen, da sie bei einer flüchtigen Durchsicht des Manuskripts auch nicht die kleinste Notiz entdecken konnte. Schon wollte sie es unwillig beiseite legen, als ihre Augen zwei Worte entdeckten, die Doktor Althoff mit seiner zierlichen und doch festen Handschrift mit roter Tinte gerade in den Schnörkel hineingeschrieben, den sie dem Schlusswort »Ende« malerisch angehängt hatte. Sie las und fiel wie gebrochen hintenüber.
»Abscheulich!«, rief sie aus. »Empörend!«
Floras Entrüstung war wohl natürlich, zertrümmerten doch die beiden kleinen Wörtchen den ganzen Prachtbau ihres Luftschlosses. »Konfuses Zeug!«, stand da deutlich geschrieben

und erbarmungslos war hiermit das Todesurteil ihrer Dichtung besiegelt.
Sie ballte die Hände vor Wut und hasste den Mann, den sie bis dahin so schwärmerisch angebetet hatte. Warum verbannte er ihr Genie, oder vielmehr, warum wollte er dasselbe nicht anerkennen? Sie wollte zu ihm eilen ... sogleich ... er sollte ihr Rechenschaft über sein vernichtendes Urteil geben!
Aber sie verwarf diesen Entschluss, weil sie befürchtete vor Aufregung ohnmächtig zu werden. Und schwach sollte er sie nicht sehen ... nimmermehr! Sie wollte ihm schreiben, und zwar sofort!
Sie zog ein Notizbuch aus der Tasche und begann einen stürmischen Brief aufzusetzen. Kaum hatte sie indes einige Sätze

niedergeschrieben, als sie durch den grünen Blättervorhang Grete gerade auf die Esche losstürmen sah. Es blieb ihr eben noch Zeit genug, das Notizbuch zu verbergen, als dieselbe bereits vor ihr stand.

Floras Gedanken waren nur mit dem Briefe beschäftigt gewesen, sie hatte darüber ihr Manuskript, das sie neben sich auf die Bank gelegt hatte, vergessen. Grete hatte es indes mit ihren Spüraugen sofort entdeckt. Wie ein Vogel schoss sie darauf los, ergriff es und eilte mit ihrer Beute davon.

»Ätsch, Flora!«, rief sie triumphierend. »Nun werde ich doch hinter deine Geheimnisse kommen! Jetzt bist du meine Gefangene!«

»Grete, gib her!«, rief Flora und eilte derselben nach. »Bitte, bitte! Ich will dir auch schenken, was du haben willst!«

Grete aber blieb taub bei ihren Bitten. Lachend eilte sie weiter.

»Du musst mir mein Eigentum zurückgeben, ich will es!«, drohte Flora, als sie einsah, dass Güte nicht half. »Ich befehle es dir!«

Darüber brach Grete in ein lautes Gelächter aus. »Du befiehlst es mir? Das ist reizend!«, rief sie. »Du bist wirklich furchtbar naiv!« Und sie hatte das Haus erreicht, während Flora weit hinter ihr zurückblieb.

Als Flora einsah, dass ihre Verfolgung nutzlos war, blieb sie weinend stehen. Einen verzweifelten Blick warf sie der Räuberin ihres Schatzes nach, denn nun war sie dem Hohn und Spott der Mitschülerinnen preisgegeben, an die sie Grete verraten würde.

Aber es kam anders. Gerade als Grete die paar Stufen zum Korridor hinaufsprang, lief sie beinahe Doktor Althoff in die Arme. Sie hatte ihn nicht gesehen, weil sie den Kopf nach rückwärts gewandt hielt. Das Heft hoch in der Luft schwenkend, hatte sie der armen Flora zugerufen: »Jetzt lese ich deine Geheimnisse!«

Mit einem Blick hatte der Lehrer erkannt, um was es sich handelte; er wäre darüber nicht im Zweifel gewesen, selbst wenn ihn Grete weniger erschrocken angesehen hätte.

»Sie sollten dies Heft doch Flora geben«, sagte er vorwurfsvoll, »wie kommt es, dass sie es noch mit sich herumtragen?«

Sie antwortete nicht und sah ziemlich betreten und beschämt aus. Auch war sie rot bis über die Ohren.

»Ich werde Ihnen nie wieder einen Auftrag geben«, fuhr er fort, »da ich sehe, wie wenig ich mich auf Sie verlassen kann. Geben Sie mir das Heft, ich werde es selbst an Flora abliefern.«

Er wandte sich von der Beschämten ab und ging mit dem Heft auf Flora zu, die langsam herankam. Noch zitterten Tränen in ihren Augen, die sie verklärt auf ihren Retter richtete. Wo war der Hass geblieben, den sie soeben noch in ihrem Innern verspürt hatte? Die alte Liebe und Begeisterung für Doktor Althoff hatten ihn zurückgedrängt. So mächtig entflammte die alte Begeisterung in ihr, dass sie plötzlich, hingerissen vor Dankbarkeit, sich niederbeugte, seine Hand ergriff und einen heißen Kuss darauf drückte.

»Ich danke Ihnen«, hauchte sie leise, dann eilte sie fort, zurück zu ihrer Friedensstätte, ihrem Musentempel, und anstatt den angefangenen Brief zu vollenden, dichtete sie ein Sonett, das die Aufschrift trug: »An ihn«.

Doktor Althoff aber blickte der Davoneilenden kopfschüttelnd nach. »Ein überspanntes, verdrehtes Wesen!«, entfuhr es ihm unwillkürlich. »Und das Schlimmste ist, sie wird niemals zu heilen sein.«

Der Geburtstag des Fräulein Raimar, der in den Mai fiel, war stets ein großartiges Fest. Tagesschülerinnen und Pensionärinnen wetteiferten miteinander, es durch musikalische und theatralische Aufführungen so bunt und unterhaltend zu gestalten als möglich. Auch in diesem Jahr wurde keine Ausnahme gemacht, obwohl Lilli kaum vier Wochen in der Erde ruhte.

»Ich würde gern auf eine größere Feier verzichten«, sprach eines Tages die Vorsteherin zu der Englischlehrerin und Fräulein Güssow, »aber ich darf es unsrer Zöglinge wegen nicht tun. Lillis Tod hat sie sehr ergriffen und sie lassen die Köpfe hängen. Da ist es das beste Mittel, sie wieder aufzumuntern, indem wir ihnen eine Zerstreuung schaffen. Mit aller Trauer können wir ja den Tod des lieben Kindes nicht ungeschehen machen.«

Die beiden Damen stimmten ein und beschlossen untereinander, mit den Vorbereitungen zu dem Feste zu beginnen. Miss Lead übernahm es, ein englisches Stück, Fräulein Güssow, ein französisches Lustspiel einzustudieren. Erstere wählte nur Tagesschülerinnen zu ihren Mitwirkenden, während Letztere ihre Rollen nur mit Pensionärinnen besetzte. Sie hatte aber erst einen kleinen Kampf mit den Mädchen, bevor diese die ihnen zugedachten Rollen annahmen. Flora, die eine alte Dame spielen sollte, war durchaus nicht damit einverstanden. Sie behauptete, Rosi passe weit besser zu dieser Rolle. Diese aber hatte nicht einen Funken schauspielerischen Talentes und sprach auch weniger fließend Französisch als Flora.

Fräulein Güssow machte nicht viele Umstände. »Wie du willst, Flora«, sagte sie. »Macht es dir kein Vergnügen, diese allerliebste Rolle zu übernehmen, so wähle ich eine Tagesschülerin aus und du kannst diesmal nur Zuschauerin sein.«

Das behagte Flora noch weniger. Nach einigem Zögern entschloss sie sich, freilich, wie sie sagte, mit großer Selbstüberwindung, die Alte zu spielen. Ilse und Melanie stellten deren

Töchter dar und passten in ihren Charaktereigentümlichkeiten prächtig dazu. Melanie putzsüchtig, elegant und eitel, Ilse das Gegenteil: wild und unabhängig, trotzig und widerspenstig, natürlich nichts weniger als elegant, führt sie die übermütigen Streiche aus und die schwache Mutter ist nicht im Stande, sie zu zügeln. Da erscheint ein junger, entfernter Verwandter, interessiert sich für den Wildfang und versteht es, durch Güte und Fertigkeit die Tugenden in dem Mädchen zu wecken und die Widerspenstige zu zähmen. Zum Schluss wird sie seine Braut.

»Orla, du kannst die Rolle des Vetters übernehmen«, bestimmte die Lehrerin.

»Orla?«, fragte Ilse verwundert. »Sie kann doch keinen Mann darstellen?«

Bei Ilses unschuldiger Frage erhob sich ein wahrer Sturm unter den jungen Mädchen. Die Stimmen schwirrten durcheinander, denn jede war bemüht Ilse über ihre Unwissenheit aufzuklären.

»Mit Herren dürfen wir nicht Theater spielen«, bemerkte Flora spottend, »sie sind verpönt in der Pension!«

»Du bist naiv, Ilse!«, rief Melanie. »Das ist ja eben so ledern und furchtbar öde, dass wir Mädchen auch Männerrollen spielen müssen!«

»Ja, wenn Herren mitspielten, dann möchte ich Ilses Rolle spielen«, überschrie Grete mit ihrer kräftigen Stimme alle Übrigen, »so aber ...«

»So aber wirst du den Bauernjungen übernehmen, Grete«, fuhr Fräulein Güssow dazwischen. Die Aufgeregten hatten ganz deren Gegenwart vergessen. »Und jetzt bitte ich mir Ruhe aus! Fräulein Raimar hat ihre triftigen Gründe zu ihren Bestimmungen, wie könnt ihr euch dagegen auflehnen? Schämt euch! Und jetzt macht euch daran, eure Rollen aufzuschreiben. Mor-

gen werden wir eine Leseprobe halten.« Mit diesen Worten verließ sie die aufrührerische Gesellschaft.
Alle schwiegen – bis auf Grete. Sie konnte nicht unterlassen noch einmal zu sagen: »Langweilig ist es doch ohne Jungen! Und den dummen Bauernjungen spiel ich nicht!«
Aber sie spielte ihn doch und es zeigte sich bald, dass sie ganz vortrefflich in die Rolle passte.

Die täglichen Proben brachten die gewünschte Zerstreuung. Ilse besonders fand viel Freude an einem Vergnügen, das ihr bis dahin unbekannt gewesen war. Die anfängliche Befangenheit überwand sie bald und sie spielte ihre Rolle zur vollen Zufriedenheit Fräulein Güssows, die zuweilen ein Lächeln über die höchst natürliche Darstellung nicht unterdrücken konnte.
Zur Hauptprobe mussten alle in ihren Kostümen erscheinen, damit sie sich gegenseitig an den veränderten Anblick gewöhnten. Als sie sich in ihren komischen Anzügen betrachteten, konnten sie das Lachen zunächst nicht zurückhalten.
Flora mit langen Scheitellocken, einer Spitzenhaube, einem Lorgnon, das sie vor die Augen hielt, war kaum zu erkennen. Das elegante, schwarze Schleppkleid ließ sie weit größer erscheinen, als sie war. Sie war übrigens ganz ausgesöhnt mit ihrer »alten« Partie und das Lob, welches Fräulein Güssow ihr einige Male erteilte, hatte sie zu der Idee gebracht, dass ihr eigentlicher Beruf der einer Schauspielerin sei.
Orla sah in ihrem Jägeranzug, den grünen Hut keck auf das eine Ohr gesetzt, wirklich gut aus und der kleine Stutzbart, mit dem sie ihre Oberlippe geziert hatte, gab ihr ein keckes Ansehen und stand ihr allerliebst.
»Famos siehst du aus, Orla!«, meinte Melanie und betrachtete mit besonderem Entzücken deren Stulpenstiefel.

»Du solltest immer so gehen«, setzte Flora ganz ernsthaft hinzu. Natürlich wurde sie ausgelacht.

Grete war ein Bauernjunge, wie er leibt und lebt. Plump und ungeschickt, dreist und laut. Melanie fühlte sich himmlisch wohl in dem koketten und eleganten Kostüm, das sie sich gewählt hatte. Sie stand vor dem Spiegel und putzte noch hie und da an sich herum. Und Ilse?

Sie trat als Letzte herein und bei ihrem Anblick erhob sich ein so stürmisches Gelächter, dass Fräulein Güssow Mühe hatte, es zu dämmen.

»Wie siehst du aus, Mädchen?«, sprach sie lachend, »komm näher, ich muss dich genau betrachten. Willst du wirklich in diesem Aufzuge spielen? Nein, Ilse, so geht es wirklich nicht. Wir müssen an deinem Kleide Verschönerungen anbringen! Du bist auch gar zu wenig eitel, sonst würdest du wohl selbst darauf gekommen sein.«

»Lassen Sie mich so!«, bat Ilse inständig, denn sie war glücklich, ihr geliebtes Blusenkleid bei dieser Gelegenheit tragen zu dürfen. Allerdings war sie daraus herausgewachsen. Zu eng und zu kurz war es geworden, was den komischen Eindruck noch erhöhte.

»Nein Kind, unmöglich! Du siehst wie eine Bettlerin aus. Der Ärmel darf nicht ausgerissen sein, der schlechte Gürtel muss durch einen neuen ersetzt werden, um den Hals wirst du einen Matrosenkragen legen und die fürchterlichen Stiefel lass vor allen Dingen blank putzen. Dann wird es gehen. Man darf nicht übertreiben«, fügte sie hinzu, als Ilse ein etwas betrübtes Gesicht machte. »Stets muss das richtige Maß gehalten werden. Auch die Locken dürfen dir nicht so wirr über die Augen fallen, du kannst ja kaum sehen. Vergiss nicht, dass du die Tochter einer Baronin bist. Dein Aufzug darf verwildert, aber nicht zerrissen sein.«

»Wollen wir nicht anfangen?«, trieb Miss Lead, die sich mit ihren Künstlerinnen ebenfalls zur Hauptprobe eingestellt hatte, die Umstehenden an. Sie war schon etwas ungeduldig bei der genauen Musterung der Kostüme geworden und fand es höchst überflüssig, dass Fräulein Güssow überhaupt Wert darauf legte. Die Hauptsache war nach ihrer Meinung die vollständige Beherrschung der fremden Sprache und dass die Mädchen ihre Rollen gut gelernt hatten. Alles andere war Nebensache. Viele Gesten litt sie um keinen Preis. Sollte eine Mitspielende es wagen, sich frei und natürlich zu bewegen, so geriet sie förmlich außer sich und rief: »Ruhe! Ruhe!«

Wie es fast immer der Fall ist, so war es auch hier; die Hauptprobe fiel herzlich schlecht aus. Die Mädchen waren schon aufgeregt in Erwartung des nächsten Tages und wurden es noch mehr durch die Ungeduld von Miss Lead, die heftig erklärte, dass sie es für das Beste halte, wenn die ganze Theateridee aufgegeben werde. Das französische Stück fand sie entsetzlich und sie gab Fräulein Güssow den guten Rat, es nicht aufführen zu lassen. »Ich bitte Sie«, rief sie aus. »Es handelt sich um eine Liebesgeschichte! Das wird den größten Anstoß erregen!«

Fräulein Güssow setzte der Engländerin lächelnd auseinander, dass nicht Kinder, sondern fast erwachsene Mädchen das Stück aufführten.

Miss Lead schüttelte missbilligend den Kopf, sie wollte sich nicht davon überzeugen lassen. »Ilse wird Ihnen, wenn Sie wirklich auf Ihrem Vorsatz bestehen, alles verderben. Wie sieht sie aus und wie spielt sie? Plump, ohne jeden Anstand! Das Podium der kleinen Bühne erdröhnt förmlich bei ihren fürchterlichen Schritten.«

Miss Lead hatte sich geirrt. Am nächsten Abend verlief alles

über Erwarten gut. Die ganze Festlichkeit leitete ein Prolog ein, den eine Schülerin der ersten Klasse gedichtet hatte. Sie trug ihn selbst recht hübsch vor und erntete wohlverdienten Beifall. Nur Flora, die hinter den Kulissen stand, zuckte die Achseln. »Kein Schwung, keine Poesie und kein Talent!«, lautete ihr kritischer Ausspruch.
Die Aufführung des englischen Stückes ging vorüber, glatt, reizlos und langweilig. Und wenn die Anwesenden sich dies in ihrem Innern auch einstimmig eingestanden, so waren sie doch am Ende des Stückes mit Beifallsspenden nicht sparsam. Die Mitspielenden wurden herausgerufen, und als der rote Vorhang in die Höhe ging und die Mädchen sich dankend verneigten, strahlte Miss Lead vor Stolz und Seligkeit. »Very well«, rief sie laut, »ihr habt eure Sache gut gemacht!«
Nachdem verschiedene musikalische Aufführungen vorüber waren, bildete das französische Lustspiel den Schluss.
»Wollen Sie es wirklich wagen?«, wandte sich die englische Lehrerin in wohlwollendem, etwas herablassendem Tone an Fräulein Güssow. »Schreckt Sie der große Erfolg, den wir erzielten, nicht ab? Folgen Sie meinem Rate, treten Sie zurück! Wir werden eine Entschuldigung finden. Der französische Flattersinn muss abfallen gegen die englische Gediegenheit.«
Trotz Miss Leads Bedenken begann das französische Stück und sie musste die niederschlagende Erfahrung machen, dass es weit beifälliger aufgenommen wurde als das englische. Die Gesellschaft amüsierte sich köstlich und kam aus dem Lachen nicht heraus. Zweimal wurde Ilse bei offener Szene gerufen, so drollig und natürlich spielte sie.
»Sie ist *charmante, charmante!*«, rief Monsieur Michael. »Ich habe allen Grund, stolz auf sie zu sein. Leicht und elegant wie eine Pariserin spricht und spielt sie!«

»Sie spielt sich selbst!«, entgegnete Doktor Althoff lachend.
Einen kleinen Triumph sollte Miss Lead doch noch feiern – Ilse verdarb die Liebesszene am Schluss. In dem Augenblick, als Orla sie umarmen wollte, kam ihr das so komisch vor, dass sie in ein lautes Gelächter ausbrach.
»Wie schade!«, rief Nellie halblaut. »Warum muss sie lachen? Sie war zu nett, nun verderbt sie die Schluss.«
Doktor Althoff, der zufällig in Nellies Nähe stand, hörte ihren Ausruf. »Trotzdem, Miss Nellie«, entgegnete er, auf einem leeren Stuhl neben ihr Platz nehmend, »ist Ihre Freundin die Siegerin des Abends; aber warum wirkten Sie nicht mit, warum sind Sie nur Zuschauerin? Sie würden gewiss eine gute Schauspielerin sein.«
Nellie senkte die Augenlider. »Oh, Sie sind sehr gütig«, sagte sie befangen. »Aber ich weiß nicht zu spielen, Herr Doktor, ich hab nicht Talent.«
»Das käme auf einen Versuch an! Sehen Sie Ilse an, wer hätte geglaubt, dass sie eine so allerliebste Schauspielerin sein könne!«
»Nicht wahr?«, stimmte Nellie lebhaft und mit aufrichtiger Freude zu. »Sie ist reizend und ich bin entzückt über ihr!«
Der junge Lehrer schwieg und sah sie voller Wärme an. Wie neidlos kamen ihr die Worte aus dem Herzen, wie leuchteten ihre Augen freudig auf, als sie die Freundin lobte! Und im Vergleich zu Ilse, wie wenig hatte sie doch von der Zukunft zu hoffen! Jene ein Kind des Glückes – und diese? Ein armes Wesen, das den mühevollen Pfad einer Lehrerin pilgern sollte!
»Nicht wahr, ist sie nicht reizend?«, wiederholte Nellie und blickte fragend auf.
»Gewiss, gewiss!«, gab der Lehrer zerstreut zur Antwort, und von dem Gegenstand plötzlich abspringend, fragte er: »Woher

haben Sie die herrlichen Veilchen?«, und deutete dabei auf einen Strauß, den sie in der Hand hielt. »Sie duften wundervoll. Ich liebe Veilchen sehr.«
Sie hörte nur, dass er Veilchen liebe. Bedurfte es da großer Überlegung? »Oh, nehmen Sie«, sagte sie naiv und errötete dabei, »bitte, es macht mich großer Freude!«
»Nicht alle«, entgegnete er lächelnd und zog einige Blumen aus dem Strauß, den sie ihm gereicht. »So, nun habe ich genug. Haben Sie Dank dafür.«
Er erhob sich und verließ sie. Mit glänzenden Augen sah sie ihm nach. Sie hatte bemerkt, wie er ihre Veilchen im Knopfloch befestigte.
»Wie taktlos von dir!«, redete Miss Lead, die ihren Platz dicht hinter Nellie hatte, dieselbe an und riss sie mit ihrer scharfen Stimme aus allen Himmeln. »Welch ein Betragen! Ich habe jedes Wort mit angehört. Schämst du dich nicht, einem Herrn Blumen anzubieten?«
Als ob ein eisiger Wind plötzlich in eine kaum erschlossene Blütenknospe gefahren wäre, so wurde Nellies kurze Freude zerstört.
»Habe ich ein Unrecht gemacht?«, fragte sie ängstlich. »Oh, bitte, Miss, sagen Sie, war ich ungeschickt? Wird Herr Doktor mich unbescheiden halten?«
Dieser Gedanke peinigte sie sehr. Furchtsam wartete sie auf ein beruhigendes Wort und sah in der Lehrerin Gesicht, das indes nicht aussah, als ob es zur Milde geneigt sei.
»Jedenfalls wird er dich für sehr einfältig halten«, erwiderte sie unbarmherzig, »wenn er deine Handlungsweise nicht sogar zudringlich nennt.«
»O nein, nein!«, rief Nellie beinahe entsetzt. »Er wird nicht so hart von sein Schüler denken!«
»So, weißt du das so bestimmt?«, quälte Miss Lead sie weiter.

»Du bist kein Kind mehr, dem man allenfalls dergleichen Taktlosigkeiten vergibt. Ein erwachsenes Mädchen darf niemals blindlings seinem Gefühle folgen!«
»Ich will bitten, dass er mir die Blumen wiedergibt«, sagte Nellie tief beschämt.
»Das darfst du nicht, wenn du dich nicht noch mehr bloßstellen willst. Du wirst schweigen und dich niemals wieder vergessen! Eine zukünftige Gouvernante muss jedes Wort, jeden Blick und vor allem jede Handlung reiflich überlegen. Das merke dir!«
Traurig sah Nellie nach diesem harten Verweise zu Boden. Dahin war ihre fröhliche Laune, sie hatte keine Lust mehr an dem Feste. Eine heiße Träne tropfte ihr aus dem Auge und fiel auf die Veilchen, die Urheber ihres Kummers. Still und einsilbig blieb sie den ganzen Abend, und sobald Doktor Althoff in ihre Nähe kam, wich sie ihm ängstlich aus. Es war ihr unmöglich, ihm in die Augen zu blicken. Miss Lead hatte ihre frohe Unbefangenheit zerstört.
Als die Freundinnen sich nach dem Feste zur Ruhe begaben, saß Nellie ganz gegen ihre Gewohnheit noch einige Zeit sinnend da.
»Du bist so still«, fragte Ilse, »was hast du?«
»Oh, nichts, nichts!«, erwiderte Nellie schnell und erhob sich aus ihrer träumerischen Stellung. »Es ist gar nix!«
Zum ersten Mal verschwieg sie der geliebten Freundin die Wahrheit.

Holunder und Maiblumen hatten ausgeblüht und die Rosen öffneten ihre duftigen Kelche. Nellie und Ilse wandelten nach dem Abendessen durch den Garten, und als sie im Gebüsch die Nachtigall schlagen hörten, blieben sie stehen und lauschten.
»Wie süß!«, rief Nellie, »komm, lass uns auf der Bank setzen und lauschen.«
Sie hielten sich beide umschlungen und sprachen kein Wort. Der herrlich duftende Abend, der Mond, der silbern am Abendhimmel aufstieg, der schmelzende Gesang der Nachtigall weckten eine ahnungsvolle, nie gekannte Stimmung in ihren jungen Herzen.
»O Ilse«, unterbrach Nellie mit einem Seufzer die feierliche Stille, »wie bald gehst du fort und lässt mir allein zurück! Ich bin sehr traurig, wenn ich daran denke!«
Auch Ilse war wehmütig, aber sie unterdrückte die weiche Stimmung und versuchte die Freundin zu trösten. »Es ist noch lange hin, bis ich die Pension verlasse«, sagte sie. »Noch acht Wochen sind wir zusammen, Nellie, das ist noch eine sehr lange Zeit, denk einmal, acht volle Wochen!«
Nellie schüttelte traurig den Kopf. »O nein, es ist nur sehr kurze Zeit«, erwiderte sie. »Es sind auch nicht acht Wochen voll, du musst ordentlich rechnen. Heute haben wir schon der siebente Juli – macht bis zu der erste September vierundfünfzig Tage – fehlt also zwei volle Tage an der achte Woch...«
Trotz ihres Kummers musste Ilse lachen. »Du liebe, süße Nellie«, rief sie, »du bist doch immer komisch, selbst wenn du traurig bist! Weißt du, wir wollen uns das Herz nicht heute schon schwer machen mit dem Gedanken an unsere Trennung, wir gehen ja nicht für immer auseinander! Du besuchst mich bald – ja!«
Aber Nellie war an diesem Abend weich gestimmt und der Freundin Trost fand keinen Eingang in ihr Herz. Sie ver-

suchte zwar die Tränen zu unterdrücken, aber sie brachen immer neu hervor. Ilse lehnte den Kopf an ihre Schulter und schwieg.

»Hier sind sie! Kommt, hierher! Sie sitzen beide unter dem Holunderbusch!«
Keine andere als Grete war es, die durch ihren lauten Ruf die Träumenden aufschreckte. Ilse sprang auf und trat den andern Mädchen, die herbeigeeilt kamen, entgegen. Nellie trocknete verstohlen ihre Tränen und machte wieder ein heiteres Gesicht.
»Wir haben euch überall gesucht«, sagte Orla. »Was macht ihr denn hier?«
»Ich glaube wahrhaftig, ihr schwärmt im Mondenschein, Kinder«, lispelte Melanie. »Ihr macht so furchtbar schmachtende Augen alle beide, habt ihr geweint?«
Grete musste sich hiervon genau überzeugen. Sie trat zu Nellie und sah sie neugierig prüfend an. »Du hast geweint, Nellie – und du auch, Ilse . . .«, behauptete sie entschieden. »Was habt ihr denn? Warum weint ihr?«
»Um nix!«, entgegnete Nellie ärgerlich.
»Um nichts weint man doch nicht«, fuhr Grete unbeirrt fort. »Bitte, sagt es doch, warum ihr geweint habt.«
»Lass deine zudringlichen Fragen«, verwies sie Flora, »und wenn sie dir sagen würden: ›Der silberne Mond, die duftenden Rosen, der entzückende Sommerabend, so recht zur Liebe und Traurigkeit geschaffen, haben unsern Herzen Wehmut und Tränen entlockt‹ – würdest du das verstehen? Niemals! Denn du hast keinen Sinn für die höhere Sphäre – du bist zu prosaisch!« Sie begleitete ihre Worte mit einem schwärmerischen Aufschlag ihrer wasserblauen Augen.
Floras hochtrabende Äußerung stellte sofort die fröhliche

Stimmung her. Nellie vergaß ihr Herzleid darüber und sagte lachend: »O Flora, was für ein zarter Seel du hast! Sei bedankt, du hohe Dichterin, du hast uns verstanden!«

»Kinder!«, unterbrach Orla die Sprechenden. »Nun hört auf mit euren Albernheiten. Ich habe euch eine höchst wichtige Mitteilung zu machen!«

Wichtige Mitteilung! Grete sperrte Mund und Nase auf und sah gespannt auf Orla.

»Nicht hier«, fuhr diese fort, »folgt mir unter die Linde! Weil heute mein Geburtstag ist, hat Fräulein Raimar auf dringendes Bitten die hohe Gnade gehabt, unsern Aufenthalt im Garten heute Abend bis um zehn Uhr zu verlängern!«

»Himmlisch! Furchtbar reizend! Zu nett!«, rief es durcheinander und Grete machte sogar einen kleinen, ungeschickten Sprung in die Luft.

An der Linde angekommen, stieg Orla auf eine Bank, die dicht am Stamme lehnte, schlug die Arme übereinander und sah schweigend auf die Mädchen herab, die einen dichten Halbkreis um sie bildeten und mit höchster Spannung auf sie blickten.

»Meine lieben Freundinnen«, hub sie an. Da raschelte es über ihnen in den Zweigen. Die Mädchen schraken zusammen.
»Was war das?«, fragte Annemie. »Gott, wenn sich im Baume jemand versteckt hätte!«
»Oder wenn ein Gespenst wieder seinen Spuk triebe!«, sprach Melanie mit bebenden Lippen.
»So ein Gespenst mit großer Feuerauge und fliegender Haar«, meinte Nellie und stieß Ilse an. »Es wäre furchtbar!«
Orla stand ruhig und unerschrocken da. »Schämt euch!«, rief sie. »Kann euch eine harmlose Fledermaus in die Flucht treiben? Geht zurück, wenn ihr euch fürchtet, für Kinder passen meine Worte nicht! Wollt ihr vernünftig sein?«
»Ja, ja!«, tönte es zurück, zwar etwas zaghaft, aber die Neugierde trug doch den Sieg über die Furcht davon.
»So hört mich an! Hier an dieser Stätte, unter dem Schutze unsrer geliebten Linde, lasst uns einen Bund schließen, der uns in Freundschaft für das ganze Leben vereinen soll. Nicht lange wird es dauern und wir verlassen die Pension und das Schicksal zerstreut uns in alle Winde!«
»In alle Winde!«, wiederholte Flora halblaut.
»Nun frage ich euch: Soll es uns für immer trennen? Ich sage: Nein! So frage ich euch denn: Wollt ihr mit mir in diesem feierlichen Augenblicke geloben, dass ihr heute in drei Jahren zurückkehren wollt? Hier unter der Linde, am siebenten Juli, morgens elf Uhr, soll uns ein frohes Wiedersehen vereinen. Seid ihr mit meinem Vorschlage einverstanden?«
»Ja!«, rief es einstimmig und begeistert. »Wir kommen!«
»Schwört einen Eid darauf!«
Sie erhob drei Finger der rechten Hand und alle Übrigen folgten ihrem Beispiel. Nur Rosi zögerte.
»Es könnten doch Hindernisse eintreten, die eine Reise hierher unmöglich machten«, warf sie mit ihrer sanften Stimme ein.

»Hindernisse, das heißt, nur wichtige Hindernisse heben den Eid auf!«, erklärte Orla. »In diesem Falle ist die Ausbleibende verpflichtet durch einen ausführlichen Brief den Grund ihres Eidbruches anzugeben. Beschwört auch das!«
Wieder hoben sich die Hände und diesmal zögerte Rosi nicht, sich dem Schwure anzuschließen.
»Nun haben wir uns für ewig verbunden«, nahm Orla wieder das Wort, »und jede von uns wird ihren Eid halten. Damit wir indes stets daran denken, mache ich euch einen Vorschlag. Wir wollen zur Erinnerung an diese heilige Stunde einfache silberne Ringe anfertigen lassen, die wir auf immer an dem kleinen Finger der linken Hand tragen.«
Die Ringidee wurde von allen mit Begeisterung angenommen und Orla mit Anerkennung überhäuft. Melanie prophezeite ihr sogar eine große Zukunft als Rednerin.
Alle befanden sich mittlerweile in einer gehobenen Stimmung. Sie fielen sich in die Arme, küssten sich und versicherten sich gegenseitig der zärtlichsten Freundschaft, die nur mit dem Tode enden könne. Sie glaubten ganz ernst an ihre Versprechungen, kein Zweifel vergiftete ihre unschuldsvolle Zuversicht. Der Mond lugte zwischen den Zweigen hindurch und blickte wie spottend mit einem Auge auf das rührende Schauspiel.
»Orla«, sagte Flora, als sie langsam in das Haus zurückkehrten. »Auch ich möchte einen Vorschlag machen. Wenn eine von uns Freundinnen in den Bund der heiligen Ehe tritt, so soll es ihre Pflicht sein, ihre Genossinnen zu diesem Feste einzuladen.«
»Ja«, stimmte Orla bei, »das ist ein guter Gedanke, den wir mit einem Handschlag besiegeln wollen.«
Sie schlossen einen Kreis und reichten sich die Hände, verzogen aber keine Miene dabei. Nur Ilse konnte das Lachen

nicht lassen. Die Hochzeitsgedanken kamen ihr gar zu komisch vor.

»Ich trete zwar niemals in den Bund der heiligen Ehe, aber ich gebe doch mein Handschlag zu die Einladung«, neckte Nellie.

»Spotte nicht über so ernste Dinge«, sprach Flora zürnend. »Wir sind nicht aufgelegt zu deinen Scherzen.«

»Oh, ich scherz gar nix, aber wie soll ein arm hässlich Engländerin mit sehr viel Sommerspross auf der Nas ein Mann bekommen?«

Diese komische Bemerkung verscheuchte den Ernst von den Stirnen der Mädchen und Scherz und Frohsinn kehrten zurück. Ehe sich Flora zur Ruhe begab, schrieb sie in ihr Tagebuch:

Welch ein großer, ereignisreicher Tag! Oh, ich zittere noch, wenn ich daran denke! Mondschein! Rosenduft! Linde! Sang der Philomele! Orla hinreißend gesprochen! (Meine nächste Heldin soll Orla heißen!) Freundschaftsbündnis! Schwur! Hochzeitsversprechen! (Meine entzückende Idee!) Handschlag darauf! Wie heißt die Hochbeglückte, die zuerst denselben lässt? Schicksal, du dunkles, lass mich den Schleier heben! Gibt es Ahnungen, soll ich?

Sie legte die Feder nieder, schloss das Buch und verbarg es tief in ihrem Kommodenkasten. Sie legte sich nieder und schlief ein. Träumend sah sie sich mit Brautkranz und im weißen Atlaskleid.

Die acht Wochen oder, wie Nellie sagte, »vierundfünfzig Tage« waren vorübergegangen. Der erste September brach an. Nellie hatte die ganze Nacht nicht schlafen können vor Kummer, der Abschied von der geliebten Freundin raubte ihr die Ruhe. Auch Ilse war es gleich ergangen und es war rührend, wie beide Mädchen bemüht waren ihre Schlaflosigkeit und ihre Tränen sich gegenseitig zu verbergen.
Als der Morgen anbrach, hielt Nellie es nicht mehr aus. Sie stand auf, warf ihr Morgenkleid über und schlich an Ilses Bett. »Bist du wach?«, fragte sie, als diese sie mit offenen Augen ansah. »Das ist schön, dann können wir noch eine ganze Stunde plaudern. Es hat eben fünf geschlagen.«
Sie setzte sich auf Ilses Bettrand und ergriff deren Hände. Als sie aufblickte und Tränen in Ilses Augen schimmern sah, da war es aus mit ihrer künstlichen Fassung. Sie beugte sich zu der Freundin nieder, und indem sich beide fest umschlungen hielten, vermischten sich ihre heißen Tränen.
»O Ilse! Wie einsam wird es sein, wenn dein Bett leer ist! Oder wenn ein anderer Gesicht mir daraus ansieht, oh, ich bin sehr, sehr traurig!«
Ilse hatte sich aufgerichtet und drückte die Weinende innig an sich. Zu sprechen vermochte sie nicht, sie war zu traurig.
»Wir sehen uns bald wieder«, sprach sie endlich mit zitternder Stimme und versuchte Nellie zu trösten. »Du besuchst uns in Moosdorf; den ganzen Winter über wirst du bei uns bleiben.«
Nellie schüttelte ungläubig den Kopf. »Das wird nix, ich werde nicht Erlaubnis bekommen zu ein so lang Besuch. Meine Zeit ist Ostern vorbei, dann heißt es: Fort aus der Pension! Ich muss ein Stell annehmen und Kinder Unterricht geben. Aber ich weiß noch nicht viel und muss sehr fleißig lernen. Fräulein Raimar sagt es alle Tage.«
Ilse sah die Freundin traurig und bedauernd an. »Wenn du

wirklich eine Gouvernante werden musst, Nellie, so versprich mir fest, dass du all deine Ferien bei uns in Moosdorf zubringen willst. Meine Heimat soll auch die deinige sein.«
Mit einem Handschlage wurde dies Versprechen besiegelt.
»Es wird dir gefallen bei uns in Moosdorf«, fuhr Ilse fort. »Wir haben ein großes, schönes Wohnhaus mit Türmchen und Söllern, fast wie ein Schloss. Du wirst dein Zimmer dicht neben mir haben, das ist doch reizend, nicht wahr? Ich fahre dich alle Tage mit meinen Ponys spazieren und Hunde haben wir zum Entzücken!«
So plauderte Ilse von der Heimat und schilderte der Freundin lebhaft und feurig die dortigen Herrlichkeiten. Auf diese Weise kamen sie für den Augenblick über das Weh des Abschieds hinweg. Die Aussicht auf ein nicht allzu fernes Wiedersehen versüßte ihren herben Trennungsschmerz.

Wenige Stunden später stand Ilse reisefertig vor Fräulein Raimar und sagte ihr Lebewohl. Die Vorsteherin hielt sie im Arme und redete liebevoll auf sie ein.
»Es tut mir Leid, dass dein Vater verhindert ist dich abzuholen«, sagte sie. »Nun musst du die weite Reise allein machen! Wie erstaunt wird dein Vater sein, wenn er dich wieder sieht, er wird die frühere Ilse gar nicht wieder erkennen! Weißt du wohl noch, wie ungern du damals zu uns kamst?«
»Verzeihen Sie mir«, bat Ilse unter Tränen, »und vergessen Sie, wenn ich Sie kränkte!«
»Oh, rede nicht davon! Du bist uns allen eine liebe Schülerin geworden und ungern sehen wir dich scheiden. Ich hoffe, du schreibst mir zuweilen, liebe Ilse, und gibst mir Nachricht, ob du gute Fortschritte in der Musik und besonders im Zeichnen machst. Ich habe den Papa gebeten in diesem Briefe«, sie übergab Ilse denselben, »dass er dir noch in einigen Fächern

Nachhilfe geben lassen möge. Besonders möge er für einen tüchtigen Lehrer im Zeichnen sorgen, da du viel Talent dazu hast.«

Fräulein Güssow trat ein und meldete, dass der Wagen vor der Türe stehe. Sie und Nellie begleiteten Ilse zur Bahn.

»Leb wohl denn, mein Kind«, sagte die Vorsteherin, »und wenn du einmal Sehnsucht nach der Pension bekommen solltest, so kehre zu uns zurück. Du wirst bei uns jederzeit von Herzen willkommen sein.«

Im Hausflur standen die Freundinnen versammelt. Sie umringten die Scheidende und reichten ihr Blumensträuße. Natürlich küssten und herzten sie sich unter Tränen.

»Vergiss uns nicht!« – »Schreib bald!« – »Ich habe dich furchtbar lieb gehabt!« So und ähnlich klang es durcheinander, und ehe Ilse in den Wagen stieg, flüsterte Flora ihr zu: »Gedenke deines Schwurs!«

»Die Blumen werden dir lästig sein unterwegs, Ilse«, meinte Fräulein Güssow, die bereits mit Nellie im Wagen Platz genommen hatte. »Lass sie zurück und nimm aus jedem Strauße nur einige Blümchen mit.«

Aber eine Abreise ohne Strauß ist gar keine richtige Abreise. Deshalb schüttelte Ilse den Kopf und sah das Fräulein bittend an. »Ich möchte sie so gerne alle mitnehmen«, sagte sie.

»Aber wie?« Darauf gab Rosi die Antwort. Sie hatte ein offenes Körbchen herbeigeholt und legte den ganzen Blumenvorrat vorsichtig hinein.

Und nun zogen die Pferde an; noch ein »Lebewohl«, ein letzter Abschiedsblick, ein Grüßen mit dem Taschentuch, und hinter ihr lag der Ort, an dem sie eine so glückliche Zeit verlebte. Ilse lehnte sich im Wagen zurück und weinte laut.

Als die Damen am Bahnhofsgebäude anlangten, war der Zug soeben eingefahren. Er hatte fünfzehn Minuten Aufenthalt und Fräulein Güssow hatte Zeit, ein passendes Abteil für Ilse auszusuchen.

»Wo ist ein Damenabteil?«, fragte sie den Schaffner. »Diese junge Dame fährt nach W.«

»Hier! Hier!«, rief es aus dem Fenster eines Abteils hinter ihr. »Hier können junge, hübsche Damen Platz nehmen!«

Das Fräulein wandte den Kopf und blickte in ein fröhliches Studentengesicht. Hinter ihm standen noch einige andere Studenten und lachten über den Scherz ihres Freundes. Laut und ungeniert bewunderten sie die jungen Mädchen.

Fräulein Güssow ergriff unwillkürlich Ilses Hand. Sie war ganz rot geworden.

»Wie unverschämt!«, sagte sie. »Wie konnten sie das wagen! Ach, Ilse, ich bin in Sorge um dich!« Und sie ließ einen recht besorgten Blick über das junge Mädchen hingleiten, das in seinem schottischen Reisekleide, dem passenden Barett mit blau schillerndem Flügel an der Seite, überaus reizend aussah. »Wenn doch dein Papa dich abgeholt hätte!«

»Das war nicht möglich!«, entgegnete Ilse. »Er musste daheim bleiben, um Mamas einzigen Bruder, der zehn Jahre in der Welt umhergereist ist, heute zu begrüßen. Ich habe ihn selbst darum gebeten, als er mir schrieb, dass er trotzdem kommen wolle. Ich bin auch gar nicht ängstlich, es ist ja heller Tag. Papa hat mir auch die ganze Reiseroute so genau aufgeschrieben, dass ich mich nicht irren kann.«

Ilse nahm aus einem roten Ledertäschchen, das sie an ihrem Gürtel befestigt an der Seite trug, einen Brief und las:

Um elf Uhr Abfahrt von dort, um zwei Uhr Ankunft in M. Bis drei Uhr Aufenthalt daselbst. Dann Weiterfahrt ohne umzusteigen bis Lindenhof. Um fünf Uhr langst du dort an, steigst aus und wirst von meinem alten Freunde, Landrat Gontrau mit

seiner Frau, empfangen. Sie nehmen dich mit hinaus nach Lindenhof, wo du, auf ihre dringenden Bitten, übernachtest. Am andern Mittag fährst du weiter und Gontrau hat mir versprochen dich sicher zur Bahn zu befördern und alles Nötige für deine Weiterreise zu besorgen.
Vergiss nicht, eine Fotografie von mir in die Hand zu nehmen; Gontraus, denen du ja unbekannt bist, werden dich daran erkennen.

»Hast du das Bild?«, fragte Fräulein Güssow, und als Ilse bejahte, gab sie noch mancherlei gute Lehren mit auf den Weg. »Ich weiß, du bist verständig und wirst auch vorsichtig sein, aber du bist noch unerfahren und kennst die Welt und die Menschen nicht. Für alle Fälle warne ich dich, in keiner Weise eine Aufmerksamkeit oder eine Gefälligkeit von einem Herrn, sei er jung oder alt, anzunehmen, wenn sie dir überflüssig erscheint.«
»Einsteigen!«, rief der Schaffner und unterbrach die liebevollen Ermahnungen der jungen Lehrerin. Weinend umarmte Ilse diese und mühsam brachte sie die Worte hervor: »Danke ... Danke ...«
»Leb wohl denn, mein geliebtes Kind!«, entgegnete diese.
Und Nellie? Der Abschied von ihr war der schwerste Augenblick für Ilse. »Behalt mir lieb«, bat sie kaum hörbar und sah dabei so unglücklich aus, als ob das Glück für immer von ihr scheide. Und Ilse hielt sie fest umschlungen und vermochte kein Wort hervorzubringen – dann riss sie sich los und stieg ein.
Im letzten Augenblicke stieg noch eine alte Dame mit weißen Locken in den Zug. Sie war ganz außer Atem von dem eiligen Gehen und schien etwas ängstlich und unbeholfen zu sein. Fräulein Güssow war ihr beim Einsteigen behilflich und erfuhr dabei zu ihrer großen Freude, dass die Dame und Ilse die

gleiche Reiseroute hatten. Sie richtete die herzliche Bitte an sie, dass sie das junge Mädchen unter ihren Schutz nehmen möge. Mit größter Liebenswürdigkeit versprach dies die Dame.
Langsam setzte sich der Zug in Bewegung. Ilse lehnte zum Fenster hinaus und grüßte mit dem Taschentuch die Zurückbleibenden. Schmerzlich bewegt blickte Fräulein Güssow dem Zuge nach. Es war ihr, als ob er ein Stück von ihrem Herzen mit sich nähme! Noch nie hatte sie mit so viel Liebe und Hingebung sich der Erziehung einer Schülerin gewidmet, noch nie hatte sie sich durch den Erfolg so belohnt gefühlt. Nun ging Ilse fort, und wer konnte sagen, ob sie das Kind je wieder sehen werde?

Wie im Fluge entführte der Dampfwagen Ilse dem Orte, den sie mit so verschiedenartigen Gefühlen betreten und wieder verlassen hatte. Reichlich flossen ihre Tränen.
Die Dame sah teilnehmend auf die Weinende, aber sie störte sie nicht in ihrem Schmerze. Erst als sie bemerkte, dass Ilse ruhiger wurde, knüpfte sie ein Gespräch an.
»Ich verstehe Ihren Kummer wohl, liebes Kind«, sagte sie herzlich, »und kann Ihnen nachempfinden, wie Ihnen ums Herz ist. So ein Abschied von der Pension ist ein wichtiger Abschnitt, es tut weh, von den Freundinnen scheiden zu müssen, die man lieb gewonnen hat. Aber die Trennung ist ja nicht für das ganze Leben, die Freundinnen werden Sie in Ihrer Heimat besuchen. Es ist wohl schön in Ihrer Heimat?«
Das war eine Frage zur rechten Zeit. Ilses Kinderaugen lachten noch unter Tränen die Fragerin an. Sie fing an lebhaft zu erzählen.

»Wie werden Sie sich freuen die Eltern wieder zu sehen!«, fuhr die Dame fort, die großes Wohlgefallen an dem jungen Mädchen fand.

»O sehr, sehr!«, entgegnete Ilse. »Und besonders freue ich mich auf den kleinen Bruder, den ich noch gar nicht kenne! Ich habe sein Bild bei mir. Darf ich es Ihnen zeigen?«

Sie öffnete ihre Ledertasche und zog ein Album daraus hervor. »Das ist er!«, sagte sie und zeigte mit Stolz auf einen kleinen, dicken Buben, der im Hemdchen fotografiert war.

»Ein schönes Kind!«, bewunderte die Dame. »Und ist das Ihre Mama, die den Kleinen auf dem Schoß hält?«

Ilse bejahte. »Hier ist mein Papa«, fuhr sie fort und holte sein Bild hervor. Bei dieser Gelegenheit erzählte sie, dass ihr das Bild zum Erkennungszeichen dienen solle, wenn Gontraus sie empfangen würden.

»Gontrau?«, fragte die alte Dame. »Landrat Gontrau? Das sind ja liebe Bekannte von mir. Mein Mann, Sanitätsrat Lange, ist seit langen Jahren Arzt in ihrem Hause! Wir wohnen in L., das ist die nächste Station von Lindenhof. Wie wunderbar sich das trifft! Nun stecken Sie das Bild Ihres Papas nur getrost ein, wir haben es nicht mehr nötig; jetzt werde ich Sie zu meinen Freunden führen! So viel Zeit habe ich bei meinem kurzen Aufenthalt!«

Ilse war sehr erfreut über diesen Zufall und im Geplauder mit der liebenswürdigen, gebildeten Frau verging ihr die Zeit in Windeseile. Sie war ganz erstaunt, als der Schaffner das Abteil öffnete und hineinrief: »Station M.! Sie müssen aussteigen, meine Damen!«

»Schon!«, rief Ilse und griff nach ihren Sachen.

Umsichtig half sie auch ihrer Begleiterin, die in der Hast mehrere Gepäckstücke hatte fallen lassen.

»Danke, danke, liebes Kind«, sagte Frau Lange. »Wie geschickt und verständig Sie alles besorgen! Ich hätte das bei Ihrer Jugend kaum erwartet!«

Ilse wunderte sich selbst darüber, hob aber ganz stolz den Kopf bei diesem Lobe und wünschte sich, Fräulein Güssow hätte es gehört. Es war wirklich ein recht erhebendes Gefühl für sie, das aber leider nicht von langer Dauer war.

Als sie mit Frau Lange auf das Bahnhofsgebäude zuschritt, hörte sie laute Zurufe aus einem Abteil des noch haltenden Zuges. Ein flüchtiger Blick, und sie hatte sofort die Studenten erkannt.

»Leb wohl – leb wohl, du süße Maid! Nur einen Abschiedsblick, reizendes Lockenköpfchen!«, riefen die Übermütigen, und als der Zug schon im Weiterfahren war, warf einer von ihnen ihr eine herrliche Rose zu, die vor ihre Füße fiel.

Ilse wandte sich ab. Sie wusste vor Scham und Verlegenheit nicht, wohin sie den Blick wenden sollte.

»Kannten Sie die jungen Herren?«, fragte Frau Lange.

Ilse verneinte und erzählte, dass sie diese zum ersten Mal bei ihrer Abreise gesehen.

»Ja, das ist lustiges Blut!«, meinte Frau Lange. »Die ganze Welt gehört ihnen und man darf es ihnen nicht übel nehmen, wenn sie sich mehr herausnehmen als andre. – Wollen Sie die Rose nicht aufnehmen, Kind?«

Ilse hatte wohl den Wunsch, aber sie schüttelte doch den Kopf.

»Ich darf nicht«, sagte sie und dachte dabei an Fräulein Güssows Worte.

Frau Lange verstand sofort Ilses Benehmen und freute sich über ihr Taktgefühl. »Sie haben Recht, Kind«, sagte sie, »dennoch tut es mir Leid um die unschuldige Rose.«

Nach einer Stunde Aufenthalt fuhren die Damen weiter. Die Zeit verging furchtbar schnell.

»Nun sind wir in wenigen Minuten in Lindenhof und müssen uns trennen«, sagte Frau Lange. »Es tut mir von Herzen Leid, denn ich habe Sie sehr lieb gewonnen. Versprechen Sie mir fest mich zu besuchen, wenn der Zufall Sie in die Nähe von K. führen sollte.«

Ilse versprach das gern und gestand, dass auch ihr das Scheiden schwer werde. Frau Lange hätte so »himmlisch« verstanden sie zu trösten.

»Da sind wir schon!«, rief Frau Lange und steckte den Kopf zum Fenster hinaus, um sich nach Gontraus umzusehen. Sie waren nicht zu erblicken. Einige Bauersfrauen standen wartend mit ihren Tragkörben da, sie wollten mit dem Zuge weiterfahren, das war alles. Ilse hatte auch hinausgeschaut, und als sie niemanden sah, der sie erwartete, wurde es ihr recht bange.

»Ach!«, seufzte sie. »Was fange ich nun an! Ich bin ganz allein hier. Lassen Sie mich mit Ihnen weiterfahren, liebe Frau Lange, und nehmen Sie mich für die eine Nacht auf. Bitte, bitte!«

»Wie gern täte ich das, mein Kind; aber das wäre gegen die Bestimmung Ihrer Eltern. Gontraus werden noch kommen, auf jeden Fall! Sie haben sich etwas verspätet, Sie können es glauben. Was würden sie sagen, wenn Fräulein Ilse davongeflogen wäre?«

Ilse seufzte schwer und stieg aus. Ihr Gepäck, auch die Blumen, die trotz des häufigen Besprengens mit frischem Wasser die Köpfchen traurig hängen ließen, hatte sie aus dem Abteil gehoben. Nun stand sie da und sah sich hilflos nach beiden Seiten um.

»Machen Sie nicht ein so verzweifeltes Gesicht, liebes Kind«, beruhigte die alte Dame, »es wäre ja noch immer kein Unglück, wenn Gontraus durch irgendein Missverständnis Sie heute nicht erwarteten! In diesem Falle bestellen Sie einen Wagen im

Bahnhofsgebäude und fahren nach Lindenhof hinaus. In einer guten Stunde sind Sie dort, und dass Sie bei den lieben Menschen mit offenen Armen empfangen werden, dafür stehe ich ein.«

»Nein, nein! Das tue ich nicht! Das würde ich nicht wagen!«, rief Ilse ganz erschrocken. »Ich weiß ja gar nicht, ob man mich haben will! Ich kann doch nicht unbekannten Leuten in das Haus fallen!«

»Der Zug hat noch fünf Minuten Aufenthalt, gehen Sie einmal schnell um das Gebäude, dort können Sie die ganze Chaussee überblicken, die zu dem Rittergut führt. Vielleicht sehen Sie den Wagen kommen«, schlug Frau Lange vor.

Ilse tat, wie ihr geraten wurde. Kaum hatte sie sich entfernt, kaum war sie links um das Haus gegangen, als von der anderen Seite ein junger, schlanker Mann mit leichtem, elastischem Gang eilig hervortrat. Sein Auge glitt suchend über den Bahnsteig, dann ging er dicht an dem Zuge entlang und spähte forschend in jedes Abteil. Frau Lange hatte ihn sofort entdeckt – der Suchende war niemand anders als der Sohn des Landrats. »Leo! Leo!«, rief sie. »Komm schnell! Wo sind deine Eltern? Du suchst sie, nicht wahr? Ich bin mit ihr gefahren – sie ist ein reizendes, junges Mädchen! Frisch wie eine Waldblume, sage ich dir. Dort ist sie um das Haus gegangen!«

»Was für eine Waldblume meinst du, Tante Lange?«, fragte der junge Mann etwas erstaunt. »Von wem sprichst du?«

»Von ihr – von ihr!«, rief sie zurück. »Von Ilse, die ihr erwartet«, wollte sie eigentlich sagen, aber der Name fiel ihr im Augenblick nicht ein; das betäubende Läuten der Glocke, die das Zeichen zur Abfahrt gab, machte sie nervös und verwirrte sie. Dazu kam noch, dass der junge Mann ihren Worten wenig Aufmerksamkeit schenkte und immer auf dem Sprunge stand sie zu verlassen.

»Ich muss dich verlassen, Tante!«, sagte er denn auch. »Ich muss mich nach einem Kinde umsehen, das ich mit diesem Zug erwarte...«

»Sie ist es! Sie ist es!«, rief sie lebhaft, aber er hörte ihre Worte nicht mehr, sondern von neuem ging er suchend den Zug entlang.

»Haben Sie ein allein reisendes Kind bemerkt – und ist dieses vielleicht hier ausgestiegen?«, fragte er einen Schaffner.

»Nein!«, antwortete der und schwang sich auf seinen hohen Sitz hinauf, denn der Zug setzte sich langsam in Bewegung.

Assessor Gontrau blieb stehen, etwas ratlos und nachdenklich. Eben wollte er gehen, um ein Telegramm an Oberamtmann Macket mit den Worten »Ilse nicht angekommen!« aufzugeben, da fiel sein Blick auf einen Brief, der auf der Erde dicht vor ihm lag. Er hob ihn auf und las die Adresse. »Fräulein Ilse Macket«. Sonderbar! Der Schaffner und die Leute hier hatten kein Kind aussteigen sehen und doch musste es angekommen sein!

»Wissen Sie, welches Kind den Brief verloren hat?«, wandte er sich an eine Frau, die einen kleinen Obststand in der Nähe hatte.

»Gesehen habe ich keines«, sagte die, »oder meinen Sie das junge Fräulein dort?« Dabei zeigte sie auf Ilse, die um das ganze Haus gegangen war und von der entgegengesetzten Seite gerade hervortrat, als der Zug abfuhr.

Höchst unglücklich stand sie da und blickte dem Zuge nach, der ihre einzige Bekannte hier in die Ferne führte. »Nun bin ich verlassen!«, sprach sie für sich. »Was soll ich nun anfangen!« Am liebsten hätte sie wie ein kleines Kind angefangen zu weinen, aber sie schämte sich vor dem jungen, blonden Postbeamten, der zu einem Parterrefenster hinauslehnte und sie neugierig beobachtete.

Aus ihrer peinlichen Ratlosigkeit schreckten sie plötzlich eilige Schritte auf. »Gnädiges Fräulein, ich bitte um einen Augenblick!«

Ilse wandte den Kopf, und als ihr Auge flüchtig die Gestalt eines jungen Mannes streifte, erfasste sie eine unnennbare Angst. Was wollte er von ihr – warum redete er sie an? Sie verlor alle Fassung und nur der eine Gedanke beherrschte sie: »Du darfst ihn nicht anhören!« Als ob sie nichts gehört habe, ging sie weiter, und als sie bemerkte, dass sie verfolgt wurde, beschleunigte sie ihre Schritte. Wie ihr das Herz klopfte vor Angst und Aufregung!

»Sie haben etwas verloren, gnädiges Fräulein, wollen Sie nicht die Güte haben, mir einen Augenblick Gehör zu schenken!«, rief er dringend.

Nun stand sie still, aber sie wagte nicht, sich nach ihm umzusehen. Er benützte schnell diesen Moment und trat vor sie hin. Mit niedergeschlagenen Augen und in ängstlicher Verlegenheit stand sie vor ihm. »Wie eine Waldblume«, hatte Tante Lange zu ihm gesagt. Jetzt wusste er, wen sie damit gemeint hatte.

»Ich fand diesen Brief dort«, sprach er. »Gehört er vielleicht Ihnen?«

Ein flüchtiger Blick belehrte Ilse, dass er den Brief ihres Papas in der Hand hielt. »Ja«, sagte sie, ziemlich beschämt über ihr albernes Davonlaufen, »er gehört mir.« – Sie nahm ihn in Empfang, ohne den jungen Mann anzusehen. »Ich danke Ihnen«, fügte sie noch hinzu und wollte mit einer schüchternen Verbeugung weitergehen.

»Also, dann sind Sie Fräulein Ilse Macket!«, rief er lachend.

Erstaunt blickte Ilse ihn an und nun sah sie zum ersten Male in das hübsche, von der Sonne etwas gebräunte Gesicht des jungen Gontrau.

»Verzeihen Sie mein unschickliches Lachen«, entschuldigte er

sich, »aber Sie werden gleich verstehen. Zuvor erlauben Sie, dass ich mich Ihnen vorstelle, mein Name ist Gontrau.« Er hob den weichen Filzhut ab und begrüßte sie in liebenswürdiger, ehrerbietiger Weise.
»Gontrau!«, rief Ilse strahlend vor Freude. »Ist's wahr, Gontrau. Aber Sie sind doch... doch nicht...«
»Der Landrat?«, ergänzte er ihre Frage. »Nein, der bin ich nicht, nur sein Sohn.«
»Ich war recht einfältig, dass ich davonlief«, sprach sie errötend, »aber ich wusste nicht, wer Sie waren. Nun bin ich froh, furchtbar froh! Aber wo sind Ihre Eltern?«
»Leider konnten sie nicht die Freude haben, Sie hier zu begrüßen«, entgegnete Leo Gontrau. »Meinem Vater ist ein kleiner Unfall zugestoßen. In dem Augenblick, als er den Wagen besteigen wollte, um hierher zu fahren, vertrat er sich den Fuß, und zwar so böse, dass er zurückbleiben musste. Die Mutter konnte zu ihrem Kummer nun auch nicht fort, sie musste dem Vater behilflich sein. Dabei hatte sie sich so darauf gefreut, ›die Kleine‹ in Empfang nehmen zu können! Ja, ja, ›die Kleine‹«, wiederholte er und amüsierte sich über ihr verwundertes Gesicht. »Ihr Herr Papa trägt die Schuld daran, dass ich Sie nicht gleich erkannt habe. Er sprach in seinen Briefen nur von seiner ›Kleinen‹ oder von ›seinem Kinde‹, das er allein und schutzlos die weite Reise machen lassen müsse. Er fürchtete, dass dem ›kleinen Mädchen‹, das die Pension verließ, etwas zustoßen könne. Natürlich erwarteten wir nun auch ein Kind, so ein Mädchen von zwölf, höchstens dreizehn Jahren.«
»Nein, aber der Papa!«, rief Ilse und lachte, aber es klang etwas gezwungen. Es war ihr nicht ganz angenehm, dass der Papa noch eine so kindliche Meinung von ihr hatte. »Papa ist zu komisch! Er hält mich noch immer für die kleine Ilse! Wie wird

er sich wundern, wenn er mich wieder sieht! Mit siebzehn Jahren ist man kein Kind mehr, nicht einmal ein Backfisch!«
»Bewahre!«, stimmte der Assessor ihr bei. »Mit siebzehn Jahren ist ein junges Mädchen eine vollendete Dame.«
Diese Bemerkung klang leicht spöttisch, aber er machte dabei ein so ernstes Gesicht und verzog keine Miene, dass Ilse mit Stolz an die »vollendete Dame« glaubte.
»Wollen Sie im Bahnhofsgebäude eine kleine Erfrischung nehmen?«, fragte Leo und bot ihr den Arm, um sie dorthin zu führen.
Dankend lehnte sie sein Anerbieten ab, obwohl sie es eigentlich gern angenommen hätte. Sie war nämlich hungrig und ihr Magen verlangte im Grunde nach einem kräftigen Imbiss. Als vollendete Dame aber glaubte sie den Hunger nicht merken lassen zu dürfen.
»Es ist kühl«, bemerkte Leo, als er ihr in den Wagen geholfen hatte, »und mein Auftrag lautet: Hülle ›das Kind‹ gut ein, damit es sich nicht erkältet in der halb offenen Kutsche.« Und er nahm ein warmes Tuch, das schon bereitlag, wickelte sie fest darin ein und schlug ihr auch eine Decke um ihre Füße.
Ilse ließ es gern geschehen, denn der Herbstwind pfiff kalt über die leeren Felder; sie lachte sogar über seine Fürsorge; aber hinterher kamen ihr doch Bedenken. War es recht, dass sie sich von ihm einhüllen ließ? War es nicht eine Vertraulichkeit, die sie gestattet hatte? Würde Fräulein Güssow ihr Benehmen schicklich finden? Ob Nellie wohl so gehandelt haben würde wie sie oder ob sie nicht lieber ihren Regenmantel angezogen hätte, der im Riemen geschnallt dicht hinter ihr lag?
Mitten in ihren Zweifeln vernahm sie ein herzliches Lachen ihres Nachbars. Natürlich brachte sie es sofort mit ihren Gedanken in Verbindung.
»Lachen Sie über mich?«, fragte sie beinahe ängstlich.

»Nein, nein!«, entgegnete er. »Wie kommen Sie zu dieser Frage? Wie würde ich mir je erlauben eine junge Dame auszulachen! Diese Birne ist an meiner Heiterkeit schuld. Sie fiel mir soeben aus der Wagentasche auf die Hand und erinnerte mich an Mamas letztes Wort, das sie mir nachrief, als ich fortfuhr.«

»Was sagte sie?«, fragte Ilse und sah ihn neugierig an.

»›Vergiss ja nicht, *dem Kinde* die Birnen zu geben, Leo‹, sprach sie. ›Die Kleine wird wohl hungrig sein.‹ Ich glaube«, unterbrach er sich und griff in die Seitentasche, »sie sprach auch von einem Stück Kuchen. Richtig«, rief er lachend und zog ein kleines Paketchen hervor, »da ist er! Darf ich es wagen, gnädiges Fräulein, Ihnen Kuchen und Birnen anzubieten?«

Dieser Verlockung konnte sie nicht widerstehen. »Warum nicht?«, entgegnete sie unbefangen und griff zu. »Obst ist meine ganze Leidenschaft und Kuchen esse ich furchtbar gern! In der Pension haben wir nicht viel davon zu sehen bekommen, Fräulein Raimar behauptete, der Magen werde schlecht vom vielen Kuchenessen. Ist das nicht eine furchtbar öde Ansicht?«

»Ja, eine furchtbar öde Ansicht!«, wiederholte er mit ganz ernsthaftem Gesicht. »Ich begreife nicht, wie Sie es aushalten konnten, ohne Kuchen zu leben!«

»Manchmal«, erzählte sie, »ließen wir uns heimlich ein Stückchen holen, über Mittag, wenn das Fräulein schlief.«

»So, so«, lachte er, »das sind ja schöne Geschichten, das muss ich sagen.«

»Wir taten es nicht oft«, entschuldigte sich Ilse, »nur dann und wann, wenn wir gar zu großen Appetit darauf hatten. Finden Sie das unrecht?«

»Dass Sie den Kuchen aßen, finde ich durchaus nicht unrecht«, neckte er sie, »aber dass Sie ihn heimlich holen ließen, gefällt

mir nicht. Warum fragten Sie nicht die Vorsteherin um Erlaubnis?«
»Sie sind vielleicht lustig!«, rief Ilse. »Dann hätten wir es doch nicht gedurft! Es war doch nichts Böses, was wir taten, nur ein ganz harmloses Vergnügen. Fräulein Raimar hatte nicht den geringsten Schaden davon, ob wir Kuchen aßen oder nicht.«
»Sie sind eine kleine Rechtsverdreherin!«, tadelte er sie lachend. »Ob Schaden oder nicht, darauf kommt es gar nicht an. Die Dame hatte ihre Gründe, weshalb sie Ihnen den Genuss des Kuchens verbot. Nummer eins: Sie handelten gegen ihren Willen – folglich sind Sie strafbar! Nummer zwei: Sie taten es heimlich – das erschwert das Vergehen!«
Ilse lachte höchst vergnügt. »Herrgott, sind Sie aber pedantisch!«
»Ich bin Jurist, gnädiges Fräulein, und gehe jeder Sache auf den Grund.«
»Jurist!«, wiederholte Ilse und sah ihren Nachbarn etwas misstrauisch an. »Das glaube ich nicht! Sie sehen nicht so aus.«
»Warum nicht? Haben die Juristen ein besonderes Aussehen?«
Diese Frage brachte Ilse etwas in Verlegenheit. Sie hätte ihm keine andre Antwort darauf geben können, als dass die Juristen, die öfters auf Moosdorf zu Gaste kamen, ganz anders ausschauten. Es waren lustige Herren, die ein Glas Wein liebten, aber jung und schön waren sie nicht. Sie sah ihn an und schüttelte ungläubig den Kopf. »Sie sind nicht Jurist«, wiederholte sie. »Sie sind Künstler – vielleicht Musiker – oder Maler.«
Er lachte laut. »Musiker!«, rief er. »Ich ein Musiker! Ich verstehe keine Note und bin so unmusikalisch wie ein Stock! Ich muss mich Ihnen leider als ein ganz gewöhnliches Menschenkind vorstellen, das weder Maler noch Musiker ist. Trotz Ihres Zweifels bin ich Jurist und seit vier Wochen Assessor. Sehen

Sie dort die Kirchturmspitze?«, unterbrach er sich. »Das ist die Kirche von Lindenhof! In zehn Minuten sind wir dort.«
Als der Wagen vor dem Portale des Hauses hielt, eilte Frau Gontrau herbei, um ihren kleinen Gast in Empfang zu nehmen. Als aber ein erwachsenes Mädchen ausstieg und Leo den Irrtum erklärte, nahm sie Ilse lachend in den Arm.
»Ob groß, ob klein«, sagte sie mit Wärme, »Sie sind mir von Herzen willkommen!«
Und sie führte Ilse in das Speisezimmer, in welchem sich der Landrat befand. Er saß in halb liegender Stellung auf dem Sofa und streckte dem jungen Mädchen beide Hände entgegen.
»Das ist eine köstliche Überraschung!«, rief er aus. »Eine köstliche Überraschung! Anstatt des Kindes kommt eine junge Dame an! Hat uns Freund Macket mit Absicht getäuscht?«
Ilse lachte laut.
»Wie Sie dem Papa ähnlich sehen!«, fuhr er lebhaft fort. »Derselbe Mund, das Kinn, es ist auffallend!« Er schob die Lampe näher zu ihr, damit er sie noch besser betrachten könne. »Das Haar haben Sie von der Mutter geerbt und auch die braunen Augen.«
»Aber lieber Mann«, unterbrach ihn Frau Gontrau lachend, »begrüßt man so einen lieben Gast? Kommen Sie, liebes Kind, ich will Sie erlösen. Ich werde Sie auf Ihr Zimmer führen, damit Sie sich von der langen Reise etwas erfrischen können.«
»Leo«, redete der Amtsrat den Sohn an, als die Damen das Zimmer verlassen hatten. »Ist sie nicht ein reizendes Kind?«
Der Angeredete schien sehr vertieft in seine Zeitungslektüre. Wenigstens musste der Vater noch einmal die Frage wiederholen, bevor er eine Antwort erhielt.
»Ja, ja«, gab er scheinbar gleichgültig zur Antwort, »sie ist ein ganz netter, kleiner Backfisch!«

»Netter Backfisch! Ist das ein Ausdruck für ein so liebliches Wesen! Hast du denn gar keine Augen im Kopfe?«
Leo gab keine Antwort darauf und las andächtig weiter.

Die Abendstunden entschwanden in Frohsinn und Heiterkeit. Ilse plauderte und erzählte ganz ohne Scheu. Sie fühlte sich heimisch bei den lieben Menschen. Der Landrat liebte es, sie zu necken, und sie verstand seinen Humor.
»Bleiben Sie einige Tage hier«, redete er ihr zu, »die Zeit ist so kurz bis morgen Mittag. Wir telegrafieren den Eltern, dass wir Sie hier behielten, sie werden nicht böse darüber sein.«
Leo warf einen schnellen Blick zu Ilse hinüber, der fast wie eine Bitte aussah. Auch erbot er sich, ganz früh am andern Morgen nach dem Stationsgebäude zu reiten, um ein Telegramm aufzugeben. Frau Gontrau unterstützte die Bitte ihres Mannes mit großer Wärme.
»Bitte, bitte, quälen Sie mich nicht«, bat Ilse, »ich kann nicht bleiben! Ich kann es nicht, so gut es mir auch hier gefällt! Meine Eltern erwarten mich morgen und ich habe auch große Sehnsucht nach ihnen, und auf den kleinen Bruder freue ich mich furchtbar! Er weiß noch gar nicht, dass er eine große Schwester hat!«
Frau Gontrau strich ihr die krausen Locken zurück und klopfte ihr leicht die Wange.
»Sie haben Recht, liebe Kleine, Ihren Entschluss nicht zu ändern. Wir wollen auch gar nicht weiter in Sie dringen mit unsren Bitten. Besuchen Sie uns bald auf längere Zeit. Leo verlässt uns in einigen Wochen und dann ist es einsam in unsrem großen Hause.«
»Daraus wird doch nichts!«, erklärte der Landrat. »Ich kenne meinen Freund Macket und weiß, dass er so bald sein Töchterchen nicht wieder fortgibt. Halt, da kommt mir ein guter Gedanke. In seinem letzten Briefe lädt der Papa uns zum

Erntedankfest ein, das in vier Wochen stattfinden soll. Ich nehme die Einladung an, Punktum! Aber ich knüpfe die Bedingung daran, dass er Sie mit uns zurückreisen lässt.«
Ilse jubelte vor Vergnügen. »Das wär zu – zu himmlisch!«, rief sie aus. »Aber Sie müssen auch Wort halten, geben Sie mir die Hand darauf.«
Mit einem kräftigen Handschlag besiegelte er sein Versprechen.

Am andern Morgen gleich nach dem zweiten Frühstück rüstete sich Ilse zur Weiterreise. Eben trat sie mit dem Korbe mit den Blumen vor die Türe, die sie noch einmal mit Wasser besprengt hatte.
»Wollen Sie denn die welken Sträuße wirklich wieder mit sich nehmen?«, fragte Assessor Gontrau.
Ilse blickte auf den Korb und stand unschlüssig da. »Freilich«, sagte sie betrübt, »sie sehen traurig aus, meine lieben, schönen Blumen. Nun sind sie alle welk!«
»Wissen Sie was, Fräulein Ilse«, riet der Assessor heiter, »wir wollen sie verbrennen! Dann sammeln wir die Asche und Sie bewahren diese in einer kostbaren Urne auf, welche die Inschrift trägt *Diese Urne birgt die Asche der Blumensträuße meiner geliebten sieben Freundinnen in der Pension.* – Wie gefällt Ihnen diese Idee?«
»Oh, Sie sind abscheulich!«, rief sie. »Sie wollen sich über mich lustig machen? Trotzdem«, fügte sie sinnierend hinzu, »gefällt mir der Gedanke, die Blumen in Flammen aufgehen zu sehen, ehe sie ganz verwelken. Die Asche aber sammeln wir nicht!«
Wenig später flackerte ein lustiges Feuer auf und ein Strauß nach dem andern verfiel dem Feuertode.
Als Ilse aber im Begriff war, in den Wagen zu steigen, überreichte ihr Leo ein kostbares Rosenbukett.

»Die Blumen sind aus der Asche erstiegen«, sprach er.
»Oh, wie reizend! Wie furchtbar liebenswürdig! Sie glauben nicht, wie ich mich freue!« Leicht errötend, reichte sie ihm die Hand. »Ich danke Ihnen tausendmal! Ich liebe Rosen so sehr und so schön wie diese sah ich noch keine. Wie sehr, wie furchtbar haben Sie mich erfreut!«
Und sie konnte den Blick nicht von den herrlichen Blumen wenden und wiederholte noch einige Male: »Ich freue mich zu sehr!«

Die Fahrt bis zum Bahnhof war vorbei, ehe sie noch recht begonnen hatte, Ilse wusste nicht, wie. Jetzt saß sie im Dampfwagen und fuhr der Heimat zu. Ihre Gedanken schwirrten bunt durcheinander, sie flogen voraus und träumten vom Wiedersehen – und sie kehrten zurück und führten sie wieder nach Lindenhof. Es hatte ihr dort himmlisch gefallen! Der Abschied war ihr beinahe schwer geworden. Leo hatte ihr die Hand geküsst und sie hatte es sich gefallen lassen. Ob das wohl recht war? Am Ende hätte sie ihm die Hand entziehen müssen? »Ach«, seufzte sie laut, zum Glück war sie allein im Abteil, »ach! Es ist doch zu öde, wenn man gar nicht weiß, wie man sich zu benehmen hat! Am Ende spottet er jetzt über mich!« Sie errötete bei diesem furchtbaren Gedanken. Da fiel ihr Blick auf den Rosenstrauß, und wie sie den süßen Duft desselben einatmete, stand plötzlich sein Bild lebhaft vor ihr. Ein wunderbares Gefühl überkam sie, aber es war ihr fremd und sie schreckte davor zurück. Sie legte den Strauß aus der Hand und erhob sich. Sie wollte nicht weiter an ihn denken, sie wollte es nicht!
Sie blickte zum Fenster hinaus. Schon erkannte sie verschiedene Ortschaften, die in der Nähe von Moosdorf lagen, schon konnte sie den Bahnhof erkennen! Ihr Herz schlug vor Erwartung und

Freude, ihre Augen flogen voraus und jetzt erkannte sie die Eltern, die auf dem Bahnhof standen, um sie in Empfang zu nehmen, und schon lag Ilse in den Armen ihres Vaters und dachte an nichts weiter als an das Glück, wieder daheim zu sein.
»Bist du groß geworden!«, rief der Oberamtmann und betrachtete sie mit stolzer Freude. »Ich hätte dich kaum wieder erkannt! Als halbes Kind gingst du von uns und jetzt kehrst du heim als junge Dame!«
Er hielt sie noch immer in seinen Armen und konnte sich nicht satt sehen an ihr. Sanft entwand sie sich ihm. Noch hatte sie die Mutter nicht begrüßt, die mit Tränen in den Augen daneben stand und ihr die Arme entgegenstreckte. Ilse flog an ihre Brust und umschlang sie innig.
»Meine liebe Mama!« Das war alles, was sie sagen konnte. Und Frau Macket verstand sie. Innig drückte sie ihr Kind an sich, sie wusste, dass sie jetzt sein Herz für immer gewonnen hatte.
»Hier ist noch jemand, der dich begrüßen will, Kleines«, unterbrach der Oberamtmann die kleine rührende Szene. »Sieh, Onkel Curt, der Bruder deiner Mutter, berühmter Maler und Afrikareisender, möchte gern deine Bekanntschaft machen!«
Ilse reichte ihm die Hand und stand nun einem wirklichen Künstler gegenüber. Als sie ihn ansah, den mittelgroßen, etwas breitschultrigen Mann in der Samtjoppe, die mehr bequem als elegant saß, mit dem breitkrempigen Hut, der ein braun gebranntes, etwas verwittertes Gesicht tief beschattete, da drängte sich unwillkürlich ein anderer in ihre Gedanken und sie verglich. »Die Juristen gefallen mir doch besser als die Künstler«, so meinte sie still in ihrem Inneren.
Ehe Ilse in den Wagen stieg, wurde sie von Johann feierlich begrüßt. Zur besonderen Überraschung hatte er Bob mitgebracht, der ausgelassen seine Herrin begrüßte. Johann vergaß vor Rührung seine Empfangsrede, die er sich mühsam zurecht-

gedacht hatte. Verlegen drehte er seine Mütze und sein breiter Mund zog sich von einem Ohre zum andern.

»Da ist der Hund, Fräulein Ilschen«, sagte er. »Das unvernünftige Vieh hat das Fräulein gewissermaßen gleich erkannt. Ich auch, wenn auch das Fräulein gewissermaßen schön und stattlich geworden sind wie ein Kürassier.« Diesen wunderlichen Vergleich gebrauchte Johann nur bei ganz außergewöhnlichen Gelegenheiten, er galt für ihn als höchster Ausdruck des Vollkommenen.

Alle lachten und Ilse reichte dem Freunde ihrer Kindheit die Hand.

»Es ist gut, Johann«, sagte der Oberamtmann, »du hast eine schöne Rede gehalten. Nun aber steige auf und lasse die Pferde tüchtig zugreifen. In einer halben Stunde müssen wir in Moosdorf sein.«

Zu Hause war alles festlich bereitet. Fahnen, Kränze, Blumen, sogar eine Ehrenpforte mit einem mächtigen »Willkommen!« begrüßten die heimkehrende Tochter. Aber diese hatte nur einen flüchtigen Blick für alle diese Herrlichkeiten. Ihre Ungeduld trieb sie hinein in das Haus, sie musste zuerst das Brüderchen sehen.

Frau Anne, die vor ihr hineingegangen war, trat ihr schon mit diesem entgegen.

»Du süßer, süßer Junge!«, rief Ilse in höchstem Entzücken und der prächtige Knabe streckte ihr jauchzend seine Ärmchen entgegen.

»Er will zu mir, Mama, darf ich ihn nehmen?« Glücklich lächelnd reichte die Frau ihr den Kleinen. Und Ilse tanzte mit ihm im Zimmer herum und küsste und herzte ihn, bis er zu weinen anfing. Ilse war glücklich wie ein Kind am Weihnachtsabend, wenn es seine neue Puppe begrüßt. Sie mochte sich gar nicht von dem Kinde entfernen, bis endlich die Mama ihren

Arm ergriff und sie in die obere Etage führte. Vater und Onkel Curt folgten ihnen.

Als Ilse ihr Zimmer betrat, blieb sie sprachlos an der Türe stehen. Sie erkannte die früheren Räume nicht wieder. Wohn- und Schlafgemach hatten die Eltern neu eingerichtet. Nichts war vergessen worden. Vom Schreibtisch bis zur kleinen Schmucktruhe, die vor dem Spiegel auf einem Schränkchen stand. Sogar eine Staffelei war am Fenster aufgestellt.

Ilses Freude war unbeschreiblich, denn die Eltern hatten ihre kühnsten Wünsche erfüllt. Etwas befangen betrachtete sie Staffelei und Maltisch. »O Papa«, sagte sie schüchtern. »Das ist zu schön für mich, ich kann ja noch gar nicht malen.«

»Bedanke dich bei dem Onkel dafür!«, entgegnete der Oberamtmann. »Er hat versprochen dein Lehrmeister zu sein, das heißt: solange der Wandervogel es bei uns aushalten wird.«

Nach dem Essen schlich Ilse hinaus in den Hof. Sie musste es fast heimlich tun, denn der Papa konnte sich heute nicht von ihr trennen. Johann hatte auf diesen Augenblick längst gewartet und stand schon bereit das Fräulein zu führen.

Zuerst musste sie ihm in den Pferdestall folgen, und als sie die Runde durch sämtliche andre Ställe gemacht, alle Kühe, Hunde usw. begrüßt hatte, da wollte er ihr auch noch den neuen Schweinestall zeigen. Diesen Besuch aber schob Ilse sich fürs nächste Mal auf.

»Schade, schade«, meinte Johann und machte ein niedergeschlagenes Gesicht, »ich hätte dem Fräulein so gern das neue Schweinehaus gezeigt. Es ist so schön, dass man selbst drin wohnen könnte.«

»Morgen, Johann«, entgegnete Ilse. »Heute habe ich keine Zeit mehr dazu, ich muss zu den Eltern.«

Kopfschüttelnd blickte der Kutscher ihr nach. »Früher hätte

sie das nicht gesagt«, sprach er für sich und bedenklich setzte er hinzu: »Sollte sie vornehm geworden sein?«

Drei Wochen war Ilse wieder zu Hause und sie fühlte sich dort so glücklich und wohl wie nie zuvor. Auf ihren Wunsch hin gab ihr der Prediger noch einige Nachhilfestunden in verschiedenen wissenschaftlichen Fächern. Er war überrascht über die Fortschritte seiner früheren Schülerin, besonders aber freute er sich über ihren Ernst und ihre Beständigkeit beim Lernen. Er hatte sich nicht geirrt, als er die Pension einen Segen für Ilse genannt. Auch Frau Anne hatte eine solche Umwandlung vor Jahr und Tag kaum für möglich gehalten. An Ilses gutem Herzen hatte sie niemals gezweifelt, aber sie war überrascht von der geduldigen Liebe, die sie dem kleinen Bruder entgegenbrachte. Nur der Amtsrat konnte sich noch nicht in sein verändertes Kind finden. Manchmal sah er es prüfend von der Seite an, als ob er fragen wollte: »Ist sie es oder ist sie es nicht?«
»Ich weiß nicht«, sagte er eines Tages zu seiner Gattin, »Ilse ist mir zu zahm geworden. Ich kann mir nicht helfen, aber mein unbändiges Kind mit dem Loch im Kleide gefiel mir besser als die junge Dame im modischen Anzuge.«
»Aber Ilse ist jetzt wirklich eine junge Dame, lieber Richard«, lachte Frau Anne. »Sie ist kein Kind mehr und du musst dich daran gewöhnen, sie nicht mehr als solches anzusehn.«
»Du magst ja Recht haben«, entgegnete Herr Macket, ohne indes von der Wahrheit ihrer Worte überzeugt zu sein, »und mit der Zeit werde ich mich auch an das erwachsene Mädchen gewöhnen, aber ich glaube, es wird noch mancher Tag darüber hingehen.«
»Wer weiß! Wer weiß! Ilse reißt dich vielleicht, ehe du es denkst, aus deiner Täuschung und gibt dir den Beweis, dass sie kein Kind mehr ist.«

»Ich verstehe dich nicht, liebe Anne«, sagte der Oberamtmann und sah seine Frau fragend an, »du sprichst so geheimnisvoll und machst mich neugierig.«

»Ich habe eine Beobachtung gemacht und glaube nicht, dass ich mich täusche. Der junge Gontrau ist Ilse nicht gleichgültig geblieben.«

Sprachlos blickte Herr Macket seine Frau an. An eine solche Möglichkeit zu denken war er außer Stande; sie war ihm noch niemals in den Sinn gekommen.

»Du irrst, Anne«, sprach er endlich. »Das ist geradezu unmöglich. Oder«, fügte er besorgt hinzu, »hat sie dir etwa vielleicht ein Geständnis abgelegt?«

»Gott behüte«, wehrte Frau Anne ab, »wo denkst du hin? Noch weiß und ahnt sie selbst nichts von ihren Gefühlen, aber sie spricht gern und oft von Gontraus und weilt am liebsten in ihrer Erinnerung bei dem Sohne, von dem sie ausführlich jede Kleinigkeit erzählt. Du müsstest sie hören, wenn sie die Erkennungsszene am Bahnhof in Lindenhof erzählt, und sehen, wie ihre Augen dabei strahlen.«

»Nun ja«, fiel er ihr ins Wort, »das war romantisch! Du bist eine so kluge Frau, mein Annchen, weißt du denn nicht, dass alle Backfische gern schwärmen?«

»Höre nur weiter zu, Richard. Neulich fragte sie mich ganz aus dem Stegreif, ob ich den Namen ›Leo‹ schön fände und ob Juristen kluge Menschen wären. Den Rosenstrauß, den sie bei ihrem Abschied erhielt, hat sie aufbewahrt. Als neulich die Hausmagd denselben wegwerfen wollte, wurde sie ärgerlich. Sie steckte die vertrockneten Blumen in eine Vase, die heute noch auf ihrem Schreibtische steht.«

»Ist das alles, was du weißt?«, lachte der Oberamtmann vergnügt und auch sehr erleichtert. »Dann muss ich dir sagen, liebes Kind, dass deine Beobachtungen auf sehr wackligen

Füßen stehen. Ich kenne meinen Wildfang besser. Ilschen verliebt! Ha, ha, ha! Vergib, Frauchen, dass ich dich auslache, aber ich kann nicht anders.«

Wenige Tage nach diesem Gespräch fand das Erntefest statt. Frau Macket und Ilse befanden sich am Morgen dieses Tages im großen Gartensaal. Sie ordneten noch hier und da einiges an der gedeckten Tafel, die festlich geschmückt und zum Empfange vieler Gäste bereitstand. Ilse beschäftigte sich damit, die Vasen mit Blumen zu füllen. Es war ihr so vergnügt und froh ums Herz und singend und trällernd verrichtete sie ihre Arbeit.
»Mama«, unterbrach sie sich plötzlich, »weißt du, dass ich heute eigentlich recht betrübt bin?«
»Nein«, entgegnete die Angeredete lächelnd, »davon habe ich noch nichts gemerkt. Weshalb wolltest du auch betrübt sein?«
»Weil Nellie mir nicht geschrieben hat. Ich habe sie so herzlich zu unsrem Erntefest eingeladen und sie hat mir keine Antwort darauf gegeben.«
»Sie wird keine Erlaubnis erhalten haben, Kind. Oder sollte sie dich heute unangemeldet überraschen?«
»Das wäre famos, sogar himmlisch! Gontraus und Nellie hier, dann wären alle meine Wünsche erfüllt! Aber daran ist nicht zu denken, Fräulein Raimar erlaubt das auf keinen Fall. Nellie muss immer lernen und immer lernen. Ach Mama! Es muss furchtbar schrecklich sein, eine Gouvernante zu werden! Findest du nicht auch?«
Frau Anne versuchte Ilse von ihrem Vorurteil zu heilen, aber vergeblich. Sie blieb dabei, Gouvernanten könnten nur alte Mädchen werden und ihre Nellie passe gar nicht dazu.
Plaudernd und singend hatte Ilse endlich sämtliche Vasen

gefüllt und auf der Tafel verteilt. Sie stand noch bewundernd vor ihrem Werke, als die Mutter sie antrieb sich anzukleiden.

»Es ist hohe Zeit, Ilse, wir müssen uns eilen, in einer Stunde wird Papa mit Gontraus zurück sein.«

Wie ein Vogel flog Ilse die Treppe hinauf in ihr Zimmer. Kaum hatte sie indessen mit ihrer Toilette begonnen, als ihr die Magd einen Brief überbrachte, den der Briefträger soeben für sie abgegeben hatte. Er war von Nellie.

Mit stockendem Atem überflog sie die Zeilen, und als sie zu Ende war, eilte sie mit dem Briefe hinunter in das Zimmer der Mutter. Sie hätte es nicht ausgehalten, die wichtige Neuigkeit, die sie eben erhalten, länger für sich zu behalten.

»Mama!«, rief sie ganz atemlos. »Ein Brief von Nellie! Ich muss ihn dir vorlesen.« Und sie begann:

Mein süß Ilschen!
Ich bin eine Braut! Oh! Und ein sehr glückliches Braut! Errätst du, mit wem? Ja? O Ilse, Doktor Althoff ist meiner liebe, liebe Schatz! Ich möchte gleich deine liebes Gesicht schauen, wenn du diese groß Ereignis liest, und ich sehe, wie du dein braun Lockenkopf schüttelst, und höre dir rufen: »Nellie wird mir pfoppen!« Aber nein, sie pfoppt dir nicht, alles, was sie heute schreibt, ist wahr. Du sollst alles wissen, meine liebe Freundin, ich will erzählen, wie es kam.
Mit dein lieber Brief, den du mir schriebst, wo du mir zu dein Erntefest einladest, kam ein andern Brief an Fräulein Raimar. Als ich nun begriffen war in ihr Zimmer zu steigen, um sie recht für die Erlaubnis zu bitten, trifft sie ganz plötzlich – ohne Anmeldung bei mir ein. Das war ein Wunder, denn sie macht uns niemals eine Visite, immer lässt sie uns rufen, wenn sie einiges von uns will. Ich errötete vor Schreck, du kannst den-

ken. »Nellie«, spricht sie und hält ein offner Brief in der Hand, »dieses Schreiben hier enthält die Anfrage an mir, ob ich nicht ein junges Engländerin zu sofortiger Antritt empfehlen kann. Vollkommen Deutsch braucht diese nicht zu sprechen, sie soll nur die drei Kinder Englisch beibringen. Ich denke dir vorzuschlagen, Nellie, bist du einverstanden? Die Dame bietet hohe Gehalt.«

Ich glaube, dass ich ein sehr traurig Gesicht machte zu ihr Vorschlag, und ich konnte auch gar nix sagen. Dein Brief hielt ich noch in die Hand, aber ich habe nicht gewagt Fräulein Raimar zu sprechen, sie hätte doch mein Bitten abgeschlagen.

»Du hast wohl keine Lust«, fragte sie, weil ich schweigend war. Oh, gar keine Lust, dacht ich, aber ich durft nicht sagen, wie furchtbar schrecklich mir der Gedanke war, ein Vierteldutzend Kinder zu unterrichten.

»Bestimmen Sie für mir, Fräulein«, sagte ich, »ich werde tun, wie Sie denken. Werde ich aber klug genug sein zu ein so großer Aufgabe?«

»Lass das meine Sorge sein«, sagte Fräulein Raimar sehr bestimmend, »ich würde dich nicht empfehlen, wenn ich nicht wüsste, dass du diese Stellung vollkommen erfüllen kannst.«

Damit verließ sie mir und ich blieb tief betrübt zurück.

Die Zubereitung für meine Abreise wurde gemacht und ich hatte viel zu tun, oh – und viel zu hören!

Miss Lead hielt langen, strengen Predigten und vorbereitete mich zu eine würdige Gouvernante. Fräulein Raimar mahnte mir täglich zu Ernst und Gediegenheit, nur Fräulein Güssow sah mir oft mit ein lang traurigen Blick an, der zu mir sprach: Tust mich Leid, Darling, dass du unter fremde Leute dienen musst.

Der ernste Abschiedstag war da. Es war der achtundzwanzigste September, morgens elf Uhr, eine Stunde vor meiner Abreise.

Ich saß in mein Zimmer auf mein Reisekoffer und weinte. Ich war so gefüllt von Kummer, das Herz drückte mir so schwer wie ein Mühlstein in der Brust.
Wie ich mir so ganz verlassen fühle und laut schluchze, steht plötzlich Doktor Althoff, mein Doktor Althoff vor mir. Ich hatte ihn nicht gehört, als er anklopfte und die Tür öffnete. Du kannst mein Schreck denken! Ich spring von mein Reisekoffer und halt das Tuch vor mein weinend Gesicht, ich schämte mir so.
Leise zog er es fort und fragte mich mit seiner schöner, tiefer Organ: »Warum weinen Sie, Miss Nellie? Tut Sie es weh, aus dem Institut zu scheiden, möchten Sie hier bleiben?«
Ich sagte gar nix, weil ich nicht konnte vor lautes Schluchzen.
»Sehen Sie mich an, Miss Nellie«, bat er, »ich möchte gern in Ihr Auge sehen bei das, was ich Sie fragen will.«
Ich versuchte ihn anzublicken, aber ich musst mein Auge niederschlagen, er hatte ein so sonderlicher Blick, niemals hat er mir so angesehen. Oh, ich ward so angst und es lief mich ganz heiß über mein Gesicht. Er griff mein Hand und hielt sie fest und dann – ich weiß nicht, wie es kam – mit einem Male hatte er mir in seinen Arm genommen und fragte: »Haben Sie mich lieb, Nellie?«
Ilse, kannst du dich denken, was ich empfand bei diese Frage? Es war, als ob der Himmel plötzlich offen war und alle Seligkeit auf mein Haupt schüttelte. Im Wachen und im Träumen, immer hör ich dieser Wort in mein Ohr und zuweilen denk ich, es ist alles nicht wahr! Doch höre weiter. Du bist mein best Freundin und nichts soll dir verborgen sein.
»Hast du mich lieb?« fragte er noch einmal, »willst du mein kleines Frau sein?«
»Oh, ja – herzlich gern«, sagte ich und ich weiß nicht, ob es sehr geschickt von mir war, dass ich so schnell und ohne Besinnen

mein Jawort gab, aber ich konnte nicht anders, ich hatte ja mein Alfred schon lange still in mein tiefster Herz geliebt.
Und nun küsste er mir auf die Stirn und nannte mir seine Braut. Meine Seligkeit war ohne Grenzen, ich war nicht mehr verlassen, hatte mit ein Mal ein wonnige Heimat gefunden.
Als wir uns verlobt hatten, gingen wir sogleich zu Fräulein Raimar, und Alfred stellte mir als seine Braut vor. Oh, Ilse! Du hättest die erstaunte Gesichter sehen müssen! Es war zu spaßig! Fräulein Raimar weniger, sie weiß immer so gut ihr Gesicht in die gleiche Falte zu legen, man weiß nicht, ob sie Freude oder Trauer hat. Aber ich glaube, diesmal hat sie Freude, denn sie nahm mich in ihr Arm und küsste mir. Zu Alfred sagte sie: »Wie ist das so schnell gekommen, Herr Doktor? Ich habe niemals von Ihrer Neigung gemerkt.«
»Ich bin selbst erst klar geworden, als ich Nellie verlieren sollte«, sagte Alfred und bat Fräulein Raimar, die Gouvernante abzubestellen und mir unter ihr mütterlichen Schutz zu behalten, bis wir heiraten. Sie hat es versprochen. So blieb ich hier und packte meine ganzen Siebensachen wieder aus.
Miss Lead glückwünschte mir auch, aber ich glaube, sie hat viel Neid. Aber ich mache mir nix davon und strahle vor Wonne. Fräulein Güssow freut sich furchtbar über mein Glück.
Unsre Freundinnen waren reizend nett! Das heißt, nicht alle, denn Melanie und Grete sind schnell abgereist, weil ihre Mutter krank war, sie wissen noch nichts. Orla beschenkte mir gleich mit ein kostbar Armband zum Andenken und zur Freude über unsre Verlobung. Das klein Lachtaube konnte vor Lachen kein Wort sagen. Rosi sprach ›artige‹ Worte wie immer, und Flora? Sie machte ein lang Gesicht und sah Alfred mit ein schwärmerischer Blick an, dann drückte sie uns stumm die Hände. Gestern hat sie mir mit ein lang »Elegie an ein Braut« beglückt, sie ist sehr schön, wie alle Gedichte von Flora.

Nun leb wohl, dear Ilschen. Ich habe dir ein langer, langer Brief geschrieben, nun antworte mich gleich, bitte, bitte! Ich freu mir furchtbar auf dein Brief, du kommst zu mein Hochzeit? Neujahr werden wir getraut. Tausend Küsse, mein Herzkind, und grüße deine lieber Eltern und das klein Baby von
dein
seligste Nellie

»Nellie Doktor Althoffs Braut!«, rief Ilse jubelnd. »Nun wird sie keine Gouvernante, Mama!«
»Nein, nun hat sie die beste Heimat gefunden!«, entgegnete Frau Macket freudig, ermahnte dann aber ihre Tochter sich endlich anzukleiden.
»Gleich, Mama, gleich! Ich werde mich furchtbar eilen!«
Aber natürlich konnte sie dem Verlangen nicht widerstehen, erst noch einmal Nellies Brief zu überfliegen.
»Hast du mich lieb?« – »Willst du mein kleines Frau sein?«
Diese Stelle war zu schön, sie musste sie nochmals lesen, dann ließ sie den Brief in den Schoß sinken und sann und träumte. Unbewusst wiederholten ihre Lippen die Worte »Hast du mich lieb?«.
Der Ruf der Mutter, die an der verschlossenen Tür klopfte, schreckte sie auf und brachte sie in die Wirklichkeit zurück. Da lagen die Schleifen, dort die Blumen, an nichts hatte sie gedacht.
»Geh nur hinunter, Mama, ich folge dir gleich!«, rief sie und sprang in die Höhe.
Aber Frau Anne ließ sich nicht abweisen. Sie müsse erst Ilses Kleidung prüfen, rief sie zurück.
»Noch nicht fertig!«, schalt sie eintretend. »Oh, Ilse, was hast du denn die ganze Zeit gemacht? Nun aber schnell. Die Zeit drängt! Warte, ich helfe dir.«

Unter ihren geschickten Händen stand Ilse bald fertig geschmückt da. Frau Anne betrachtete sie mit freudigen Blicken, so reizend hatte sie ihr Kind noch niemals gesehen. War das duftige Kleid daran schuld? Oder hatten die Augen einen besonderen Glanz?

Kaum zehn Minuten später kam der Wagen vom Bahnhof zurück und brachte die Gäste. Der Landrat stieg zuerst aus. Ungeniert nahm er Ilse, die mit ihrer Mama zum Empfange bereitstand, in die Arme und küsste sie auf die Wange. Leo begrüßte die Damen mit einem Handkuss. Ilse wusste jetzt, wie sie sich in so einem kritischen Moment zu benehmen hatte. Sie zog die Hand nicht fort, denn die Mama hatte es auch nicht getan.
Die Eltern führten Gontraus hinauf in die bereitstehenden Gästezimmer, Leo blieb noch zögernd auf der Veranda stehen. Er trat zu Ilse, die etwas entfernt von ihm stand.
»Sie sind so still und so ernst«, redete er sie an, »gar nicht wie im Lindenhof. Wo ist Ihr fröhlicher Übermut geblieben? Drückt Sie ein Kummer?«
»Kummer? O nein!« Und ihre Augen lachten ihn mit der alten Fröhlichkeit an. »Im Gegenteil, eine große, große Freude habe ich gehabt!« Und sie verkündete ihm Nellies Verlobung.
Eigentlich wunderte es sie, dass er so wenig darauf zu erwidern hatte. Fast keine Miene hatte er bei dieser hochwichtigen Nachricht verzogen. Sein Blick hing unverwandt an ihren Lippen und doch schien es, als wären seine Gedanken in weiter Ferne.
»Ist sie sehr glücklich?«, fragte er, ein wenig zerstreut.

»Glücklich?«, wiederholte Ilse, verwundert über seine Frage. »Selig ist sie! Sie müssen nur ihren Brief lesen!«
»Lesen Sie ihn mir vor«, bat er. »Lassen Sie uns die schöne Einsamkeit benutzen, jetzt sind wir ungestört.«
»Das geht nicht! Nein, gewiss nicht!«, rief sie beinahe ängstlich.
»Wenn ich Sie sehr darum bitte, dann auch nicht?«
Sie war schon halb auf der Flucht, als sie seine dringende Bitte hörte.
»Ich kann nicht! Ich habe im Hause zu tun! Später!«, rief sie ihm verwirrt zu, flog über die Veranda hinweg durch den Speisesaal bis in die offen stehende Tür des kleinen Salons der Mama.
Als Ilse hastig in das kleine Zimmer trat, atemlos und mit heißen Wangen, erschrak sie fast, als sie den Onkel antraf.
»Nun, Backfischchen, was ist dir denn begegnet?«, fragte er und legte das Buch, in welchem er gelesen, aus der Hand.
»Oh, nichts, nichts, gar nichts!«, rief sie schnell. »Mir ist nur so heiß und mein Herz klopft so furchtbar.«
Ehe er noch nach der Ursache ihrer Erregung fragen konnte, schnitt sie ihm das Wort ab. »Eine furchtbar interessante Neuigkeit, Onkel Curt! Nellie ist Braut!«
Wer Nellie war, wusste er längst, oft genug hatte Ilse ihm in den Malstunden, die sie mit vielem Eifer nahm, von ihr erzählt, aber wie sie aussah, wusste er noch nicht. Heute konnte sie ihm ihr Bild zeigen, denn es war ihr jetzt das Album nachgesandt worden, welches Fräulein Raimar ihr bereits bei der Abreise versprochen hatte. Es enthielt die Bilder der Lehrerinnen und Freundinnen.
»Also Nellies Verlobung macht dir Herzklopfen?«, meinte er, etwas zweifelnd lächelnd. »So, so! Sag mal, Fischchen, sind Gontraus schon da?«
Diese Frage hatte Ilse überhört. »Hier ist Nellie!«, fiel sie dem

Onkel ins Wort und reichte ihm das Album. »Sag, ist sie nicht reizend?«

»Reizend? Das kann ich nicht finden«, entgegnete er etwas gedehnt und nach einigen prüfenden Kennerblicken. »Anmutig, graziös, ja, der Mund ist lieblich, Augen und Nase aber...«

»Ach, Onkel«, unterbrach ihn Ilse, »du darfst sie nicht mit so kritischen Blicken ansehen; du kannst mir glauben, Nellie ist reizend. Das Bild ist auch schlecht, in Wirklichkeit ist sie viel hübscher!«

Er hatte in dem Album weitergeblättert und nach dieser oder jener sich erkundigt. Plötzlich fragte er erregt: »Wie heißt diese Dame hier?«

»Das ist meine Lehrerin, Fräulein Güssow. Wir hatten sie alle furchtbar lieb und schwärmten für sie. Kennst du sie?«, wandte sie sich fragend an ihn.

»Ich kenne sie nicht, nein. Aber mir ist im Leben ein Mädchen begegnet, das diesem Bilde glich. Doch das ist lange her. Wie alt ist deine Lehrerin?«

»Sie ist nicht mehr jung, schon siebenundzwanzig Jahre alt«, entgegnete Ilse nach echter Backfischart.

»Ja, da ist sie schon ein altes Mädchen«, bestätigte der Onkel. Aber nur seine Lippen scherzten, sein Auge hing mit Ernst und Wehmut an dem Bild.

»Wie heißt sie? Güssow?«, fragte er. »Wie ist ihr Vorname?«

»Charlotte.«

»Lotte«, nickte er zustimmend, »ein schöner Name!«

Er schloss das Album und nahm sein Buch wieder zur Hand. Ilses Anwesenheit schien er vergessen zu haben.

Zögernd und auf den Fußspitzen verließ Ilse ihn und durchschritt den Speisesaal. Mehrmals blieb sie stehen und lauschte. Alles war still. Als sie die geöffnete Tür erreicht hatte, bog sie den Kopf etwas vor und spähte nach beiden Seiten; als sie die

Veranda völlig vereinsamt sah, wagte sie sich hinaus. Der Frühstückstisch stand bereit, sie machte sich daran zu schaffen, horchte dann wieder, ob die Eltern noch nicht kämen. Sie blieben recht lange.
Endlich vernahm sie Schritte. Vorsichtig lugte sie durch das Blätterwerk und erkannte zu ihrem Schrecken – Leo.
Das Blut schoss ihr in die Wangen und der Atem stockte ihr in der Brust. Unmöglich konnte sie ihm jetzt gegenüberstehen! Sie wäre nicht im Stande, ein Wort herauszubringen, und wenn sie so stumm und dumm vor ihm stand, was sollte er von ihr denken? Flucht! Das war das Einzige, was sie aus dieser peinlichen Lage befreien konnte, aber es war zu spät, er hatte sie gesehen.
»Jetzt müssen Sie bleiben, gnädiges Fräulein«, sprach er scherzend, »ich lasse Sie nicht fort! Sie haben mich auf ›später‹ vertröstet und jetzt ist es ›später‹ und Sie werden sich allergnädigst herablassen, mir Miss Nellies Brief vorzulesen! Eine Frau – ein Wort!«
Nun war sie gefangen! Entfliehen konnte sie ihm nicht. Er bot ihr den Arm und führte sie zu einer Ecke der Veranda, in welcher ein kleiner eiserner Tisch und zwei Stühle standen. Die Oktobersonne stahl sich durch das blutrote Weinlaub und neckte das junge Mädchen. Gerade in die Augen blitzte sie ihre Strahlen hinein, sodass sie diese schließen musste.
»Die Sonne blendet«, bemerkte Ilse und war froh ein gleichgültiges Wort gefunden zu haben. »Es ist auch so warm hier«, fuhr sie fort und erhob sich.
»Die böse Sonne! Wir wollen ihr aus dem Weg gehen!« Und er führte sie auf die entgegengesetzte Seite.
Hier war es schattig und kühl und Ilse hatte keinen Grund mehr, sich zu erheben. Sie war auch nach und nach mehr Herr ihrer Beklommenheit geworden, und als er noch einmal an den Brief erinnerte, fand sie sogar den früheren scherzhaften Ton.

»Sie sind ein Quälgeist«, sagte sie. »Was kann es Sie interessieren, wie und was Nellie mir schreibt! Sie wollen nur darüber spotten und das dürfen Sie nicht!«

»Wie können Sie mich in so bösem Verdacht haben!«, wehrte er ab. »Sie haben mir Ihre Freundin so liebenswürdig geschildert, dass mein Wunsch, von ihr zu hören, wie sie mit eigenen Worten von ihrem Glücke schreibt, ganz natürlich ist.«

Ilse sah ihn noch etwas ungläubig an, doch da sie den spottenden Zug um seinen Mund nicht entdeckte, glaubte sie ihm und zog den Brief aus der Tasche. Sie schlug ihn auf und las ihn für sich.

»Nun?«, fragte er.

»Immer Geduld, Herr Assessor! Erst muss ich die Stellen aussuchen, die Sie hören dürfen! Der ganze Inhalt ist nicht für Ihre Ohren bestimmt!«

»Das wäre grausam!«, protestierte er dagegen. »Das ist gerade so, als ob Sie einem Kinde ein Stückchen Zucker hinhalten und zu ihm sagen: ›Da, lecke mal dran!‹ Den Zucker aber steckten Sie selbst in den Mund.«

Sie lachte lustig über seinen Vergleich und überlegte. Warum eigentlich wollte sie ihm das Schönste im ganzen Brief verschweigen? Nellie hatte ihre Verlobung so drollig, so gemütvoll geschildert, ihre ganze Eigenart sprach sie darin aus.

Als er sie noch einmal dringend bat, las sie erst etwas zögernd, dann aber fließend, ohne nur einmal zu stocken, den Brief von Anfang bis Ende.

Warum saß er so stumm? Sein Schweigen musste sie verletzen. Sie hatte so fest erwartet, dass er sein Entzücken laut äußern würde. Nun sagte er gar nichts. Fast vorwurfsvoll sah sie ihn an, aber wie schnell senkte sie ihr Auge. Sein Blick traf sie so sonderbar.

»Fräulein Ilse«, begann er nach einer kleinen Pause, »was

würden Sie antworten, wenn – wenn jemand Sie fragen würde: Haben Sie mich lieb?«

Sie war so verwirrt, so erschrocken bei seiner Frage, die sie wie ein Blitz aus heiterem Himmel traf. Fast hastig erhob sie sich.

»Nein, würde ich sagen!«, fuhr sie heraus. »Ich habe niemand lieb! Niemand!«, wiederholte sie, als ob sie noch einen Trumpf darauf setzen wollte.

»Ilse«, sagte er zärtlich und ergriff ihre Hand. »Wenn ich es wäre, der Sie fragte: ›Haben Sie mich lieb, wollen Sie meine Frau sein?‹ Würden Sie auch dann so sprechen?«

Hastig entzog sie ihm ihre Hand und verhüllte das Gesicht.

»Hast du mich lieb, Ilse?« Seine Stimme klang weich und innig und traf ihr Herz – ein »Ja« aber brachte sie nicht über die Lippen.

»Nein! Niemals!«, sagte sie schnell und wandte sich heftig ab.

»Nein! Niemals?«, wiederholte er und sah sie in schmerzlicher Erregung an. »O Ilse, nehmen Sie das Wort zurück, es hängt das Glück meines Lebens davon ab! Ich war zu schnell mit meiner Frage – nicht wahr? Ich habe Sie erschreckt! Nicht jetzt geben Sie mir die Antwort, erst wenn Sie ruhiger sein werden, dann...«

Er sank auf einen Stuhl und bedeckte die Augen mit der Hand. Ilse stand noch immer von ihm abgewandt. In ihr kämpften die widerstreitendsten Gefühle. Da war es plötzlich, als steige Lucies Bild vor ihr auf.

»Leo«, sagte sie schüchtern und trat einen Schritt näher, aber erschreckt über ihre Kühnheit, blieb sie errötend und mit niedergeschlagenen Augen stehen.

Wie ein Hauch fast war sein Name über ihre Lippen gekommen, aber er hatte ihn doch vernommen. Jubelnd sprang er auf und seine Augen, die eben noch so verzagt und traurig geblickt hatten, leuchteten in freudigem Glanze.

»Nun bist du meine Ilse!«, rief er aus und zog sie an sein Herz, doch als er den ersten Kuss auf ihre Lippen drücken wollte, da wendete sie den Kopf beiseite, und die alte Ilse meldete sich noch einmal.
»Küssen ist nicht erlaubt«, erklärte sie mit aller Entschiedenheit. »Wie könnte ich mich von einem fremden Manne küssen lassen?«
»Aber die Hand«, bat er lachend, »die Hand darf ich doch wohl küssen!«
Das wurde ihm gnädig bewilligt.
Er hielt sie noch im Arm, als die beiden Elternpaare auf der Veranda erschienen. Alle hatten sofort begriffen, was hier geschehen war. Nur der Oberamtmann stand wie versteinert da. Der Landrat und seine Gattin waren die Ersten, die das Brautpaar begrüßten. Beglückt nahmen sie Ilse als ihr Töchterchen an ihr Herz. Herr Macket hatte sich noch nicht vom Flecke gerührt.
Frau Anne trat zu ihm und legte die Hand auf seinen Arm.
»Siehst du, Richard, glaubst du es nun?«, fragte sie zärtlich.
»Ilse! Meine kleine Ilse!«, brachte er endlich mühsam hervor und seine Brust hob und senkte sich im heftigen Kampfe. »Ist es wahr? Willst du mich verlassen?«
Da flog sie an seinen Hals und küsste ihn stürmisch, dabei rief sie unter Weinen und Lachen: »Mein kleiner, einziger Herzenspapa, ich habe ihn ja so lieb!«

Nun ist die Erzählung eigentlich zu Ende, wäre da nicht das plötzliche Verschwinden von Onkel Curt. Während alle fröh-

lich bei der Tafel saßen, hatte er sich von Johann still und ohne Aufsehen nach dem Bahnhof fahren lassen.
Drei Wochen vergingen ohne das geringste Lebenszeichen, da endlich langte ein Brief aus München von ihm an. Sein Inhalt versetzte alle auf Moosdorf in Erstaunen. Ilse aber war außer Rand und Band deswegen. Sie klatschte in die Hände, tanzte im Zimmer umher und rief jubelnd: »Ich bin die Ursache ihres Glücks, durch mich haben sie sich gefunden! Was wird Leo dazu sagen? Wie freue ich mich!«

Und dies stand in dem Brief:

Wir sind auf der Hochzeitsreise. Lotte und ich wollen den Winter in Italien verbringen. Ihr wundert euch, nicht wahr? Ist aber gar nichts dabei zu verwundern. Lotte und ich waren schon uralte Brautleute, haben nur niemals davon gesprochen. – Im Frühjahr kehren wir zurück, ich werde euch dann meine junge Frau vorstellen. – Dem Fischchen besonderen Gruß – sie weiß schon, warum. Soll übrigens fleißig weitermalen, wenn der Brautstand ihr die Zeit dazu lässt ...

Nun bin ich deine Tante, mein Liebling! Wer hätte das gedacht!«, schrieb seine Frau, ehemals Fräulein Güssow, unter den Brief. *Wie gern hätte ich dir längst die ganze wunderbare Geschichte – und wie alles gekommen ist – mitgeteilt, aber ich durfte es nicht. Onkel Curt wollte erst nach unsrer Verheiratung die Erlaubnis dazu geben. Auch heute kann ich nur wenige Zeilen dir schreiben, mein Mann steht hinter mir und treibt, dass ich aufhöre.*
Denkst du noch an Lucies Geschichte? – Jene Lucie hieß Lotte und war ich selbst – und der Maler? – Nun, du errätst schon, wer er war, ohne dass ich ihn nenne.

Wenn wir zurückkehren, bist du wohl auch verheiratet. Wie habe ich mich gefreut über dein sonniges Glück, Herz! Der Himmel erhalte es dir!

Nachwort

Nein, das ist kein Buch, das man Mädchen um die Jahrtausendwende noch in die Hand geben darf! Ein Buch, in dem sie »weibliche Tugenden und Fähigkeiten« wie Handarbeiten, Entsagung und Unterordnung unter den Mann lernen, ein Buch, das die Rollenklischees und das Gesellschaftssystem des 19. Jahrhunderts vermittelt, ein Buch, in dem alles »hochanständig« zugeht, ein Buch, das im gehobenen Bürgertum angesiedelt ist. Nein, der Herausgeberin dieser Reihe, engagierter Verfechterin der Rechte der Frauen und einer zeitgemäßen Mädchenerziehung, sträuben sich an einigen Stellen die Nackenhaare, während sie gleichzeitig dafür eintritt, dieses Buch unbedingt in die Kinderklassiker-Reihe aufzunehmen.
Ein seltsamer Widerspruch? Keineswegs. Denn die Mädchen haben nie aufgehört dieses Buch zu lieben, seit es 1885, kurz nach dem Tod der Autorin, erstmals erschienen ist. Es hat Millionenauflagen erlebt und auch in einer Fernsehfassung der 80er Jahre ein nach Millionen zählendes Publikum gefunden. Und das mit Recht, denn *Der Trotzkopf* behandelt Themen, die für Jugendliche noch immer aktuell sind. *Der Trotzkopf* ist ein Buch vom Erwachsenwerden, von mancherlei »Beziehungskisten« zwischen Freundinnen, zwischen (Stief-)Mutter und Tochter, zwischen Lehrenden und Schülern, vom Konflikt zwischen Autorität und Selbstfindung. Ilses Probleme und Handlungsweisen können Kinder und Jugendliche, Mädchen wie Jungen von heute nachvollziehen: die Auflehnung gegen einen Eindringling in die Familie in Person der Stiefmutter, das Entsetzen darüber, von der geliebten Bezugsperson, dem Vater, getrennt und in ein Internat »abgeschoben« zu werden, den schwierigen Prozess, die Autorität

eines anderen anzuerkennen und seine eigenen Fehler eingestehen zu lernen. Freuen wir uns nicht, wenn Ilse den Mut aufbringt, im Internat auf ihrem Hund zu bestehen, wenn sie die Regeln bricht, wenn sie bei der Schulaufführung »leicht und elegant wie eine Pariserin spricht« und dabei »sich selbst spielt«? Rührt uns nicht die Freundschaft zwischen der rauchenden Russin Orla, der Poetin Flora, der praktisch denkenden Engländerin Nellie mit ihrer hübsch verqueren Grammatik und eben dem Trotzkopf Ilse? Und wer fiebert nicht in den letzten Stunden vor Lillis Tod um das Leben des kleinen Engels mit?
Zugegeben, es ist eine vergangene Welt und Gesellschaft, die die Grundlage dieses Buches bildet – eine Welt mit gesellschaftlichen Schranken und Tabus, zu denen niemand zurückkehren möchte. Aber auch ein Gulliver, ein Ebenezer Scrooge oder ein kleiner Lord Fauntleroy lebten in einer vergangenen Zeit und es macht uns hier wie da keine Mühe, das, was allgemein interessiert und zeitlos ist, vom historisch Bedingten zu trennen. Gerade das, was den *Trotzkopf* als ein wenig »altmodisch« erscheinen lässt, ist kein Nachteil – bietet es Leserinnen und Lesern doch die Chancen, sich ins Denken und die Werte einer vergangenen Zeit hineinzuversetzen. So können Mädchen wie Jungen auf der Basis des heutigen Bewusstseins erkennen, wie wenig sinnvoll es ist, die Geschlechter von vornherein auf bestimmte Rollen festzulegen.
In diesem Sinn gehört *Der Trotzkopf,* der zu den prägenden Leseerfahrungen der Mädchen bis lange nach dem Zweiten Weltkrieg gehörte und zum Vorbild für zahlreiche Mädchenbuchserien, von *Nesthäkchen* bis *Goldköpfchen, Hummelchen* oder *Bummi,* wurde, zu Recht in eine Reihe mit Kinderklassikern.
Der Erfolg des *Trotzkopfs* war unglaublich. Nach der Erstausgabe 1895 erschien ein Jahr später die 20. (!) Auflage, Neuauflagen gab es bis in die 50er und 60er Jahre des 20. Jahrhunderts. Der Band wurde allein in deutscher Sprache in zweistelliger Millionenauflage gedruckt und in viele andere Sprachen übersetzt. Auch erschienen diverse

Fortsetzungsbände, die allerdings allesamt nicht der Feder Emmy von Rhodens entstammten. Die Tochter der Autorin, Else Wildhagen (1863–1944), setzte die Reihe 1884 mit *Trotzkopfs Ehe* fort. Die Holländerin Suze La Chapelle Roobol überlegte sich 1900, was wohl *Trotzkopf als Großmutter* erlebt haben könnte. Auch die zu ihrer Zeit sehr bekannte Jugendbuchautorin Marie von Felseneck (1847–1926) führte die Biografie der Heldin in den Bänden *Trotzkopfs Erlebnisse im Weltkrieg* (1916) und *Trotzkopf heiratet* (1919) weiter fort. Else Wildhagen setzte dann, nicht ohne kritische Bemerkungen gegenüber den, wie sie meinte, nicht im Sinne ihrer Mutter liegenden Ergänzungen, 1930 mit dem Band *Trotzkopfs Nachkommen – Ein neues Geschlecht* einen Schlusspunkt unter die Entwicklung. Aber auch danach spielten das Wort »Trotzkopf« und der Name »Ilse« sowohl im allgemeinen Sprachgebrauch als auch im Kinder- und Jugendbuch eine Rolle.

Für die vorliegende Ausgabe musste das Original gekürzt werden, eine Aufgabe, der man sich normalerweise nur ungern unterzieht. Hier wurde, auch im Interesse der Autorin, allzu Zeitbezogenes limitiert und die Sprache behutsam modernisiert. Natürlich müssen sich Leserinnen und Leser bei der Lektüre weiterhin bewusst sein, dass sie einen über hundert Jahre alten Text lesen. Wenn sie sich darauf einlassen, werden sie nachvollziehen können, wie es kam, dass dieses Buch Millionenauflagen erlebte und in der Fernsehfassung auch heute noch populär ist. Sie werden erkennen, dass es Grunderfahrungen enthält, die uns heute noch angehen. Sie werden das Denken ihrer Mütter, Groß- und Urgroßmütter besser verstehen lernen. Und es wird ihnen klar werden, weshalb diese das Buch so sehr geliebt haben!

Freya Stephan-Kühn

ARENA KINDERBUCH-KLASSIKER

Eine Auswahl:

Gustav Schwab, **Die schönsten Sagen des klassischen Altertums**

Brüder Grimm, **Märchen**

Märchen aus 1001 Nacht

Johanna Spyri, **Heidi**

Rudyard Kipling, **Das Dschungelbuch**

Johanna Spyri, **Heidi kann brauchen, was es gelernt hat**

Peter Rosegger, **Als ich noch der Waldbauernbub war**

Robert Louis Stevenson, **Die Schatzinsel**

Mark Twain, **Tom Sawyers Abenteuer**

Mark Twain, **Huckleberry Finns Abenteuer**

Charles Dickens, **Eine Weihnachtsgeschichte**

Charles Dickens, **Oliver Twist**

Eleanor H. Porter, **Pollyanna – Ein Waisenkind in Amerika**

Jeder Band:
Gebunden. Ab 10 Jahren

Arena

www.arena-verlag.de